Felten | Unterricht ist Beziehungssache

Bildung und Unterricht

Michael Felten

Unterricht ist Beziehungssache

Reclam

RECLAMS UNIVERSAL-BIBLIOTHEK Nr. 19692
2020 Philipp Reclam jun. Verlag GmbH,
Siemensstraße 32, 71254 Ditzingen
info@reclam.de
Gestaltung: Cornelia Feyll, Friedrich Forssman
Druck und Bindung: Elanders Waiblingen GmbH,
Anton-Schmidt-Straße 15, 71332 Waiblingen
Printed in Germany 2026
RECLAM, UNIVERSAL-BIBLIOTHEK und
RECLAMS UNIVERSAL-BIBLIOTHEK sind eingetragene Marken
der Philipp Reclam jun. GmbH & Co. KG, Stuttgart
ISBN 978-3-15-019692-2
reclam.de

Inhalt

Prolog 7

1 Wieder im Fokus: Lehrer-Schüler-Beziehung 9

2 ›Pädagogische Beziehung‹ in Ideengeschichte und Forschung 13
Interessante Vordenker 13 • Geisteswissenschaftliche Pädagogik 16 • Tiefenpsychologie 17 • Erziehungsstilforschung 24 • Bindungstheorie 25 • Selbstbestimmungstheorie 27 • Empirische Unterrichtsforschung 28 • Neurowissenschaften 31 • Lehrergesundheit 34 • ›Haltung‹ als beziehungstheoretische Bündelung 36 • Bilanz 37

3 Beziehungsgestaltung im Unterrichtsalltag 39
Grundstimmung 40 • Klassenleitung – wie man eine förderliche Tonlage vorgibt 45 • Fehlerfreundlichkeit 47 • Achtung Rückläufer! 49 • Lob der Anleitung 51 • Stolperstein Klassenarbeit 53 • Alltagsgeißel ›Unterrichtsstörungen‹ 54 • Unruheherd Lehrer 58 • Plagegeister 59 • Nicht vorschnell pathologisieren! 61 • Klassenfahrt – nur Gaudi? 64 • Fünfte Klasse, heikle Zeit 66 • Weihnachtsfeier 67 • Einmischen bei Cybermobbing? 68 • Schulabsenz 71 • Last not least: Elternarbeit 72 • Beziehungsförderliche Schulpolitik 77 • Bonus-Track: Schwierige Schüler – Sargnagel oder Krönung? 79

4 Beziehungskunst als Entwicklungsfeld 86
Referendariat (Ausbildung) 87 • Schulalltag (Weiterbildung) 95 • Vision Beziehungskünstler 104

Literatur zur Vertiefung 106 • Fragebögen zur Erkundung der Beziehungsqualität 108 • Zum Autor 112

Prolog

DER INTERESSIERTE:

Das glauben Sie doch selbst nicht, dass die zwischenmenschliche Beziehung – überhaupt: was für ein unpräziser Begriff? – den Kern des Unterrichtsgeschehens ausmacht!

DER KUNDIGE:

Warum fragen Sie denn so aufgeregt, ist etwas passiert?

DER INTERESSIERTE:

Na ja, wenn Ihre Auffassung zuträfe, läge die schulische Verantwortung ja noch stärker bei den Lehrern …

DER KUNDIGE:

Sie haben recht, vom Handeln jeden Lehrers hängt enorm viel ab – Tag für Tag. Von dem der Bildungspolitiker natürlich auch.

DER INTERESSIERTE:

Und es soll gar keine Bedeutung haben, nach welchen Methoden unterrichtet wird?

DER KUNDIGE:

Das habe ich niemals gesagt.

DER INTERESSIERTE:

Aber was ist mit der Klassengröße – die spielt Ihrer Meinung nach wohl auch keine Rolle?

DER KUNDIGE:

Tatsächlich lassen sich große Klassen durchaus sinnvoll unterrichten. Mit kleineren Lerngruppen ist es für alle Beteiligten jedoch meist befriedigender – und manchmal auch ergiebiger.

DER INTERESSIERTE:

Ich weiß nicht. Und überhaupt: Lehrerpersönlichkeit, pädagogische Emotionen – das kommt doch sicher auch in der Lehrerausbildung vor.

DER KUNDIGE:

Sie werden sich wundern: nur am Rande.

DER INTERESSIERTE:

Na ja, aber demnächst läuft ja ohnehin alles digital.

DER KUNDIGE:

Gewiss, Technologien können wunderbare Hilfsmittel sein. Aber Entwicklungswunder vollbringen, das vermögen nur lebendige Menschen – z. B. Lehrer, die mit ihren Schülern intensiv in Beziehung sind.

DER INTERESSIERTE:

Aber was meinen Sie denn eigentlich damit, »intensiv in Beziehung sein«?

DER KUNDIGE:

Wollen wir uns für diese Frage ein wenig Zeit nehmen?

1

Wieder im Fokus: Lehrer-Schüler-Beziehung

Unterricht ist Beziehungssache – so der Inhalt dieses Büchleins, in drei Worten zusammengefasst. Gemeint ist: Ob Schüler beim Lernen gut vorankommen, ob Lehrer auch nach Jahrzehnten noch gerne unterrichten, das hängt ganz wesentlich von der Güte der Lehrer-Schüler-Beziehung ab.[1]

Natürlich ist Unterrichtsqualität auch eine Frage unterrichtlicher Methodik (ob und wie Lehrer den Lernprozess strukturieren) und schulischer Ressourcen (ob es also genug Lehrkräfte und angemessene Räumlichkeiten gibt). Mit dem Topos ›pädagogische Beziehung‹ beleuchtet dieses Büchlein indes eine bislang unterschätzte, dabei höchst bedeutsame Seite der Unterrichtskunst – man könnte getrost vom Kern schulischen Lernens, ja einem Schlüsselbegriff für unterrichtliches Gelingen sprechen.

Landläufig ist der Einfluss des Beziehungshaften im Unterricht eigentlich kein Geheimnis. Wünschten Eltern sonst ihren Kindern zur Einschulung in Zeitungsannoncen »viel Glück mit den Lehrern«? Würden junge Pädagogen sonst im Lehrer-Chat einander empfehlen, jenseits aller Methodik sei es das Wichtigste, dass man einen guten Draht zu seinen Schülern bekomme? Gäbe es sonst in der Literatur – neben den geläufigen Bildern skurriler oder drangsalierender Lehrergestalten – eine Vielzahl von Darstellungen ebenso einfühlsam wie zielstrebig agierender Pädagogen? Man denke nur an Albert Camus' ausführliche Schilderung seines ersten Lehrers in der algerischen

1 Begriffe wie Lehrer, Schüler etc. werden in diesem Buch funktional verwendet und nicht personal – gemeint sind insoweit stets Lehrende und Lernende beiderlei Geschlechts.

Volksschule, in dem stark autobiografisch geprägten, unvollendet gebliebenen Roman *Der erste Mensch*. Oder an die emanzipierende Figur des Dorfschulmeisters in Tschingis Aitmatovs *Der erste Lehrer*.

Auch im Genre Film wird das Thema pädagogische Beziehung immer wieder ausgeleuchtet. So entführt die französische Doku *Sein und Haben* (*Être et avoir*, 2002) in den Alltag einer einklassigen Dorfschule in der Auvergne, in die geduldige Arbeit eines alten Lehrers mit einem Dutzend Kinder. Kein Medienzauber, kein Methodenkarussell, stattdessen schulpädagogische Beziehungshaftigkeit pur: viel Verlässlichkeit, große Übersichtlichkeit, ein wenig Freiheit, genügend Ordnung – eine wohldosierte Mischung aus Respekt, Ernsthaftigkeit und guter Laune. Für diesen Lehrer ist jedes der Kinder ein unverwechselbares Einzelnes, den Kindern ist er ein wahrhaft »bedeutungsvoller Erwachsener« (Bruno Bettelheim). Ebenfalls höchst eindrucksvoll: *Rhythm is it!* (2004), die Aufzeichnung und Reflexion der Probenarbeit von Berliner Hauptschülern für eine anspruchsvolle klassische Ballettaufführung. Der gleichermaßen humorvolle wie strenge Tanzpädagoge Royston Maldoom lässt die Jugendlichen bisherige Grenzen überschreiten und Ansätze zu einem neuen Selbstbewusstsein aufkeimen.

Dieser Band will den Beziehungsaspekt schulischen Lehrens und Lernens in drei Schritten breiter ergründen und in seiner Reichhaltigkeit entfalten. Nicht, um den Lehrer mit einer weiteren Zusatzaufgabe zu befrachten – sondern um sein Wirken zu erleichtern und ergiebiger zu machen. Denn ›Beziehung‹ bleibt auch in Zeiten fortschreitender Digitalisierung ein Zentralschlüssel für Bildung.

Zunächst wird dargelegt, welche Befunde von Seiten der Wissenschaft dazu vorliegen. Ein weiter Bogen spannt sich von der frühen Stimme des Renaissance-Gelehrten Erasmus von Rotterdam (»Der erste Schritt zum Lernen ist die Liebe zum Lehrer«) über das zeitgenössische Diktum des Neurowissenschaftlers Joachim Bauer (»Der Mensch ist für den anderen Menschen die Motivationsdroge Nummer Eins«) bis hin zum empirischen Unterrichtsforscher John Hattie (»Die Lehrer-Schüler-Beziehung gehört zu den wirkungsmächtigsten Einflüssen auf die Lernleistung von Schülern«). Deutlich wird in den Forschungsbeiträgen auch, dass das Beziehungsklima nicht nur anreizförderliche oder gar outputsteigernde Aspekte hat, sondern auch eine störungspräventive Komponente. So riet Alfred Adler, Begründer der tiefenpsychologischen Individualpsychologie: »Man kommt weiter, wenn man nicht mit den Kindern kämpft, sondern ihre Muster wohlwollend durchschaut – und ihre Energie in nützliche Bahnen lenkt.« Ganz allgemein geht es aber auch um eine sensiblere Wahrnehmung und humanere Gestaltung der zwischenmenschlichen Grundlage von Lehren und Lernen.

In einem zweiten Schritt wird die Vielfalt konkreter unterrichtlicher Situationen und Anforderungen auf ihre Beziehungsaspekte hin abgeklopft. Angesichts der Komplexität und Einzigartigkeit pädagogischer Szenen kann daraus natürlich keine Rezeptsammlung erwachsen. Vielmehr wird eine reflektierte Praxisschau entfaltet – gesichtet und gewichtet mit den Augen des langjährigen und forschungskundigen Praktikers: von der Grundstimmung guten Unterrichts über einzelne Schuljahrsereignisse bis hin zum Umgang mit Störungen. Dabei zeigt sich nicht zuletzt, dass die Beziehungsdimension pädagogischen Handelns manch widrigen äußeren Umstand abzuschwächen, ja hintanzustellen vermag.

Den Abschluss bildet ein Plädoyer, das bisherige Brachland ›Lehrer-Schüler-Beziehung‹ in der Aus- und Weiterbildung stärker urbar zu machen, den Lehrberuf also auch in emotionaler Hinsicht zu professionalisieren. Denn im Referendariat geht es zu oft ›nur‹ um Didaktik und Methodik – welche Teile des Fachgebietes man überhaupt für den Unterricht auswählt, wie man fachliche Zusammenhänge altersgemäß erklärt und veranschaulicht, mit welchen Methoden und welchen Hilfsmitteln man den Lernprozess seiner Schüler anregt und organisiert. Die Ebene von Affekten und Kommunikation hingegen wird bislang nur von einem ungenügenden Bruchteil der Ausbildungszeit abgedeckt. Diese Leerstelle bzw. Grauzone muss ebenfalls in der Lehrerweiterbildung gefüllt bzw. geklärt werden – sonst bleibt alle Schulentwicklung technokratisches Stückwerk.

Im Übrigen kann man nur zu diesem Beruf raten. Lehrerin, Lehrer sein ist zwar harte Arbeit – aber auch eine sehr schöne, auf eigentümliche Art erfüllende. Zwischenmenschliche Nähe und Fürsorge beinhalten ganz einfach eine Art Glücksangebot. Zudem wirkt man ja aufbauend, arbeitet als freier Menschenbildner, gestaltet Lebendiges mit. Nicht zuletzt beteiligt man sich an einem der letzten Abenteuer in der Wohlstandsgesellschaft. Denn hat nicht jede Unterrichtsstunde auch den Reiz des Ungewissen?

2

›Pädagogische Beziehung‹ in Ideengeschichte und Forschung

Lehren und Lernen vollziehen sich in einem Feld zwischenmenschlicher Beziehungen und Bedeutsamkeiten, das ist offenkundig, erscheint beinahe als Binsenweisheit. Die Relevanz dieser Emotionen und Interaktionen ist jedoch erst allmählich erkannt worden. Mittlerweile sieht die Forschung sie übereinstimmend als »zentrales Vehikel für positive Outcomes (u. a. Motivation, Lernergebnisse, soziale Anpassung)«. So erzielt einer aktuellen Metaanalyse zufolge »die (affektive) Qualität der Lehrer-Schüler-Beziehung mittlere bis große Effektstärken für schulisches Engagement (und kleine bis mittlere für Leistung)«[2]. Zentrale Marksteine dieser Klärungsentwicklung seien kurz skizziert.

Interessante Vordenker

Die Wichtigkeit der pädagogischen Beziehung ist schon früh von einzelnen Philosophen und Gelehrten erkannt und bedacht worden. Da bis in die Neuzeit aber nur die wenigsten Menschen öffentlichen Unterricht genießen durften, sind solche Stimmen zum Lehrer, seiner Rolle und dem pädagogischen Verhältnis rar. Eine ist die bereits angerissene des schweizerischen Humanisten Erasmus von Rotterdam (1469–1536): »Der erste Schritt beim Lernen ist die Liebe zum Lehrer«. Erasmus

2 Barbara Thies, »Forschungszugänge zur Lehrer-Schüler-Interaktion«, in: Martin K. W. Schweer (Hrsg.), *Lehrer-Schüler-Interaktion*, Wiesbaden 2016.

stellte dies aber nicht einfach fest, er erklärte auch, warum es so bedeutsam sei: »Im Verlauf der Zeit wird es gewiß geschehen, daß der Knabe, welcher die Wissenschaften um des Meisters willen zu lieben begonnen hatte, später an dem Meister um der Wissenschaft willen hängt.« Hieraus erwachse nun aber für Lehrer eine gewisse Verpflichtung zu freundlicher Grundhaltung – damals anscheinend nicht selbstverständlich: »Es gibt aber einige [Lehrer] von so unliebenswürdigem Wesen, daß nicht einmal ihre Frauen sie gerne zu haben vermögen [...].«[3]

Hier wird allerdings lediglich das anthropologische Grundprinzip intergenerationaler Ausrichtung vorweggenommen. Was der Begriff ›Beziehung‹ indes genau meint, was sich abspielt im Verhältnis zwischen Wissendem und Reifendem und welche erzieherische Haltung für welches Entwicklungsziel die angemessenste wäre – solche Fragestellungen bedurften der Aufklärung, die das Kind als besonderes, eigenständiges Wesen erkannte. In seinem pädagogischen Hauptwerk *Émile oder Über die Erziehung* (1762) formulierte Jean-Jacques Rousseau erstmals die Notwendigkeit einer autonomen Lehrperson und der spezifischen pädagogischen Beziehung. Diese müsse getragen sein vom Wissen des Erwachsenen um die Charakteristika der kindlichen Entwicklungsphasen und die Bedeutung des Lernens durch Erfahrung.

Hermann Giesecke (^{2}1999)[4] hat nachgezeichnet, wie unterschiedlich dies von verschiedenen Erzieherpersönlichkeiten im 19. Jahrhundert interpretiert wurde. Der Schweizer Pestalozzi etwa sah seine Zöglinge quasi als Geschwisterkinder einer großen Familie, er praktizierte in seinem Waisenhaus in

3 Zit. nach: Karl Schlechta, *Erasmus von Rotterdam*, Hamburg 1940, S. 51.

4 Die vollständigen bibliografischen Angaben für mit Kurztitel zitierte Werke finden sich im Anhang, »Literatur zur Vertiefung«.

Stans eine fürsorgliche, beinahe pathetische Väterlichkeit. Dem Italiener Bosco galten alle Kinder zunächst einmal als Geschöpfe Gottes, in seinem Turiner Oratorium bemühte er sich vor allem um liebevolle Akzeptanz. Der Russe Makarenko dagegen nahm in der Gorkij-Kolonie die ursprünglich verwahrlosten Jugendlichen als Kollektivmitglieder wahr, sich selbst betrachtete er als distanzierten Leiter und professionelles Vorbild. Alle hatten sie indes eine Gemeinsamkeit: das klar hierarchisch geordnete Verhältnis von Erzieher und Zögling.

Dies änderte sich mit der reformpädagogischen Wende um 1900: Kinder wurden jetzt nicht mehr als Objekt gutgemeinter Bemühungen gesehen, sie gewannen neuen Stellenwert als Subjekt, als gleichwertiges Gegenüber. Das zeichnete sich bereits in der deutschen Jugendbewegung ab, die das Kind als kleinen Kameraden bzw. Genossen ansah, aber auch bei der KPD, in der Kinder als zukünftige Klassenkämpfer fungierten. Auch der Pädagoge Korczak im Warschauer Waisenhaus Dom Sierot begriff sich nur noch als liebevollen Arrangeur günstiger Umstände für unterdrückte Menschenkinder. Am radikalsten drückte sich diese Subjektorientierung in A.S. Neills Schule Summerhill aus: Er lehnte jede von außen an das Kind herangetragene Erziehungseinwirkung ab; lediglich therapeutische Einwirkung auf Schwierige akzeptierte und vollzog er.

Erst mit der Aufklärung also wurde das Band, die Bindung, die Beziehung zwischen Lehrer und Schüler(n) allmählich zum Gegenstand genaueren Erfassens und begrifflicher Präzisierung. Heute können wir uns auf Modelle aus (geistes)wissenschaftlicher Pädagogik und Psychologie im 19. und 20. Jahrhundert ebenso stützen wie auf aktuelle Befunde aus Neurowissenschaften und empirischer Unterrichtsforschung.

In den 1920er Jahren unternahm Herman Nohl mit seinem Konzept »pädagogischer Bezug« erstmalig den Versuch, dieses eigentümliche menschliche Verhältnis wissenschaftlich zu modellieren. Dabei charakterisierte er die Beziehung zwischen Zögling und Erzieher als »Bildungsgemeinschaft«[5], in der beide – auf unterschiedlichen Entwicklungsniveaus stehend – aufeinander angewiesen seien. Das pädagogische Verhältnis ist demnach das eines reifen zu einem werdenden Menschen: Es beinhaltet zwar persönlich-emotionale Aspekte (»Leidenschaft«), hat aber keine sexuelle Komponente (»hebend, nicht begehrend«). Und es orientiert sich auch nicht unmittelbar an externen Ansprüchen der Gesellschaft, sondern zunächst an der Befindlichkeit und den Bedürfnissen des Zöglings. Zwar sieht Nohl die Pädagogik nicht als bloßen Selbstzweck, sondern auch objektiven Gehalten und Zielen verpflichtet. Allerdings sei der Zögling nicht an gesellschaftliche Rahmenbedingungen anzupassen, sondern diese müssten an ihn vermittelt werden.

> »[W]as immer an Ansprüchen aus der objektiven Kultur und den sozialen Bezügen an das Kind herantreten mag, es muß sich eine Umformung gefallen lassen, die aus der Frage hervorgeht: welchen Sinn bekommt diese Forderung im Zusammenhang des Lebens dieses Kindes für seinen Aufbau und die Steigerung seiner Kräfte und welche Mittel hat dieses Kind, um sie zu bewältigen?«[6]

5 Z. B. in Herman Nohl, *Pädagogik aus dreißig Jahren*, Frankfurt a. M. 1949.

6 Herman Nohl, *Die pädagogische Bewegung in Deutschland und ihre Theorie*, Frankfurt a. M. 1935, S. 127.

Der pädagogische Bezug ist für Nohl kein einseitig vom Erzieher auf den Zögling hin ausgerichtetes Beeinflussungsverhältnis, sondern er beruht auf Wechselwirkung. Der Zögling besitze ein Eigenrecht. Das mache pädagogisches Wirken überhaupt erst möglich, und es schließe jede Gehorsamsorientierung aus. Eine solche Beziehung könne im Übrigen nicht erzwungen werden, da auch Momente wie Sympathie und Antipathie wirksam seien, die weder Erzieher noch Zögling beeinflussen könnten. Daher dürfe der Erzieher nicht gekränkt sein oder gar in Vorwürfe verfallen, wenn der Bezug nicht gelinge. Er könne höchstens versuchen, eine konstruktive Bindung des Kindes zu jemand anderem herbeizuführen.

Tiefenpsychologie

Aus der Behandlung seelisch erkrankter Menschen war schon Ende des 19. Jahrhunderts die Einsicht erwachsen, dass menschliches Verhalten und Erleben auch bei Gesunden maßgeblich durch unbewusste Vorgänge erklärt werden könne. Seitdem haben Impulse aus Psychoanalyse und Individualpsychologie auch das Verständnis von schulischen Lernprozessen bereichert. Die Lehrperson kristallisiert sich dabei als ein ebenso anregendes wie spiegelndes personales Gegenüber heraus, das für kindliche Entwicklungsprozesse höchst bedeutsam ist.

Psychoanalyse

Sigmund Freud hat darauf aufmerksam gemacht, dass (ähnlich dem psychoanalytischen Gespräch) das Setting Unterricht eine besondere Beziehungskonstellation zwischen Menschen schaffe, in der sich unterschwellige Vorgänge abspielen – er nannte sie Übertragung und Gegenübertragung[7]. Schüler wollten (oder sollten) gewisse Kenntnisse oder Fähigkeiten erwerben (»Das will ich auch wissen!«) – dadurch werde der dies vermittelnde Lehrer zu einem für sie wichtigen Anderen; auf diesen übertrügen sie deshalb unwillkürlich gewisse Emotionen aus ihren Primärbeziehungen – von Zuneigung bis Ablehnung. Umgekehrt sei der Lehrer jemand, der bei der Entwicklungsbeeinflussung der Schüler Erfolg haben wolle (»Da wächst etwas durch mich!«) – diese gerieten für ihn also ebenfalls zu einem bedeutsamen Gegenüber, weshalb auch er automatisch eigene Affekte auf sie rückübertrage – diese könnten ebenfalls bejahend wie distanzierend ausfallen.

Insbesondere wie jemand als Kind den allwissend scheinenden Vater erlebt hat, ob gütig oder streng, warmherzig oder abweisend, das projiziert er demnach im Unterricht auf das nun institutionelle personale Gegenüber – von diesem erhofft es sich ja jetzt Zugang zu weitergehendem Wissen. Freud erläuterte das einmal in Erinnerung an die Lehrer der eigenen Schulzeit:

> »Wir bewarben uns um sie oder wandten uns von ihnen ab, imaginierten bei ihnen Sympathien oder Antipathien [...], studierten ihre Charaktere und bildeten oder verbildeten an ihnen unsere eigenen. [...] Im Grunde liebten wir sie sehr [...]. Diese Männer, die nicht einmal selbst Väter waren, wurden uns zum Vaterersatz. [...] Wir übertrugen auf sie den Respekt und die Erwartungen von dem allwissenden

7 Zur Übertragung des Konzepts auf Schule vgl. insbesondere: Hinrich Lühmann, »Freuds Konzept der Übertragung – Eine unverzichtbare pädagogische Beziehung in der Schule«, in: Herrmann 2019. Kurzfassung online: hinrich-luehmann.de/pädagogischer-eros-unterricht-h-l (Stand: 17.9.2019).

> Vater unserer Kindheitsjahre; und dann begannen wir, sie zu behandeln wie unsere Väter zu Hause. Wir brachten ihnen die Ambivalenz [d. h. Liebe und Hass] entgegen.«[8]

Umgekehrt erwarten ungeschulte Lehrer insgeheim von ihren Schülern oftmals übertriebene Zustimmung, sei es zu ihrer Person, sei es zu ihrer Funktion. So schlafen manche Lehrer in der Nacht vor dem ersten Schultag nach den Ferien nicht etwa deshalb schlecht, weil die Klasse jetzt drei Schüler mehr hat, sondern weil sie nach den Wochen der Ruhe unsicher sind, ob sie die neuen Interaktionen befriedigend in den Griff bekommen können.[9]

Wissen wird also in Verbindung mit beidseitigem latentem Begehren erworben und vermittelt. Dabei wird das Übertragungsphänomen keineswegs als etwas gesehen, was das pädagogische Verhältnis grundsätzlich kompliziert – es ermöglicht vielmehr erst dessen Wirkung. Deshalb ist es so ungünstig, wenn aktuelle Schulreformen der Möglichkeit wechselseitiger pädagogischer Übertragung zunehmend den Boden entziehen – durch entpersonalisierte Selbstlernformen, distanzierte Lernmoderatorbilder und die Omnipräsenz scheinbar bereits allwissender Medien.

Allerdings dürfen die wechselseitigen Projektionen nicht unerkannt bleiben, sonst wird das Lernen gehemmt, beeinträchtigt, blockiert. Viele Lehrer nehmen indes die Übertragungs-Situation unreflektiert hin: Sie fühlen sich durch die Projektionen ihrer Schüler gekränkt – dabei sind Provokatio-

8 Sigmund Freud, »Zur Psychologie des Gymnasiasten«, in: *Gesammelte Werke*, Bd. 10, hrsg. von Anna Freud [u. a.], Frankfurt a. M. 1973, S. 203–210.

9 Vgl. Matthias Schmitz, »Die Angst des Lehrers vor Liebesentzug«, in: *Pädagogik* 57 (2005) Heft 5, S. 40–43.

nen doch nur Zeichen des Ausgerichtetseins – oder sie erwarten von ihrer Tätigkeit übertriebene Befriedigung, etwa die Bewunderung ihrer Schüler. Solch unbegriffenes Wirken von Übertragungsphänomenen bleibt aber nicht folgenlos, es hat großen Anteil am verbreiteten frühen Burnout. Dabei bieten gerade die Gegenübertragungsgefühle – also starke oder irritierende Affekte auf Lehrerseite – die Chance, den Code eines ›schwierigen‹ Schülers zu entschlüsseln – sie geben nämlich Hinweise darauf, wie dieser soziale Beziehungen erlebt und wie seine Umwelt in der Regel auf ihn reagiert.

Zudem gibt es ein grundlegendes Risiko zu bedenken. Die wechselseitige Übertragung darf nämlich kein Dauerzustand sein und muss immer wieder aufgehoben und schließlich endgültig verlassen werden. Junge Menschen müssen aus pädagogischen Bindungen auch wieder aussteigen, in ihrer weiteren Entwicklung unabhängig werden können. Und es ist schon eine gewisse Gratwanderung, sich solchen Übertragungsgefühlen der Schüler auszusetzen, sich zugleich aber auch dessen bewusst zu sein, Distanz zu wahren – und sich letztlich auch wieder zu verschließen.

Individualpsychologie

Alfred Adler, dem frühen Kollegen (und späteren Antipoden) Freuds, verdanken wir beim Blick auf die pädagogische Beziehung zweierlei: zum einen die Fokussierung darauf, dass menschliches Erleben und Handeln nicht nur von einer Vergangenheit geprägt, sondern immer auch zielgerichtet ist, also eine finale Komponente hat; zum anderen die breit dokumentierte Erfahrung, dass ungünstige Kommunikations- und Lernmuster unter bestimmten Bedingungen veränderbar sind.

Die Individualpsychologie sieht das Kind – in seinem primären Streben nach tätiger Kompetenz und sozialer Anerkennung – als ein höchst schöpferisches Subjekt; seine Entwicklung dürfe man nicht nur kausal betrachten, sondern müsse sie auch in ihrer individuellen Finalität verstehen. »Wir leiden nicht unter dem Schock unserer Erfahrungen (dem sogenannten Trauma), sondern machen daraus genau das, was unseren Zwecken am besten dient.«[10] Zwar wachsen Kinder unter bestimmten rahmenden Bedingungen auf, aber jedes interpretiert diese eigenaktiv, gestaltet seine Erfahrungen also mit. Gleichzeitig versucht jedes, grundsätzliche Geltungsbedürfnisse auf höchst persönliche Weise zu realisieren, dabei entwickelt es ein spezifisches Bewältigungsmuster, den sogenannten Lebensstil. Dieser prägt dann auch das schulische Verhalten – Lernprozesse (und dann noch im Kollektiv) stellen schließlich eine kognitive wie soziale Herausforderung dar, die individuell gemeistert sein will.

Unter ungünstigen Sozialisationsbedingungen hat das seelische Wachstumsstreben des Kindes dann oftmals eine verzerrte, quasi neurotische Form angenommen: Der Schüler ringt vielleicht nervös um Aufmerksamkeit, oder er rangelt mit dem Lehrer ständig um die Führung, er meint sich an anderen für Erlittenes rächen zu müssen – oder er stellt sich einfach unfähig. Nur der geschulte Lehrer gerät hier nicht in einen Teufelskreis. Er reagiert nicht abwehrend oder konfrontativ auf den Schüler (und verstärkt so dessen Nöte), sondern durchschaut die tatsächliche Störung als vermeintliche Problemlösung des Lernenden. Und er verfügt über eine breite Palette an Möglichkeiten, das ungünstige Muster durch beharrliche Ermutigung und überraschende Erfolge aufzuweichen, also eine veränderte Lernhaltung anzubahnen.

Aus Sicht der Individualpsychologie sind Lehrer also höchst

10 Gerald Mackenthun, *Alfred Adler – wie wir ihn kannten*, Göttingen 2015.

wirkmächtige Personen, in zweierlei Richtung: Sie können einerseits der Entwicklung ungünstiger Schulkarrieren vorbeugen (Prophylaxe), andererseits frühe Erziehungsfehler ausbügeln (Intervention). Hilfreich dabei, ja dazu notwendig ist allerdings eine dynamische Sicht kindlicher Intelligenz – sowie das Begreifen der eigenen Rolle als hochgradig beziehungsaktive und deutungssensible Führungsfigur (»Regisseur«). Dazu gehört:

- den Unterricht zugewandt, ermutigend und anforderungsbetont zu gestalten – um den Schülern optimale Lernerfolge zu ermöglichen;
- eine Klassenatmosphäre zu schaffen, die allen Schülern möglichst viel stützendes Gemeinschaftserleben und -handeln ermöglicht;
- Fehlhaltungen und Selbstbildirrtümer bei den Schülern im Hinblick auf ihr Arbeits- und Sozialverhalten richtig zu erkennen und sinnvoll korrigierend auf sie einzuwirken.

> »So wertvoll, wie es ist, durch eine sympathische Haltung ein freundschaftliches Verhältnis zu entmutigten Kindern aufzubauen, so ist dies doch nicht genug. Das freundschaftliche Verhältnis muss dazu benutzt werden, sie anzuregen, ihre Besserung weiter voranzutreiben.«[11]

Der Lehrer ist also zweifach gefordert: In gruppenpädagogischer Hinsicht kann er die Schulklasse als entwicklungsförderliche Gemeinschaft gestalten – jedes Kind könnte dort Verbundenheit, Mitgestaltung, Unterstützung, Aussprache und Selbstverwaltung erleben und einbringen. Unter individual-

11 Alfred Adler, *Kindererziehung*, Frankfurt a. M. 1976, S. 34 (zuerst New York 1930).

pädagogischem Aspekt geht es bei ungünstig agierenden, also in ihrem Selbstbild irritierten Kindern darum,

- die ihrem Verhalten zugrundeliegende psychische Dynamik zu verstehen (der Lehrer als Beobachter, Forscher und Deuter);
- in Beziehung zum Kind zu treten (der Lehrer als Kontaktsucher);
- beim Kind den Glauben an die Möglichkeit zu stärken, sich selbst ändern zu können (der Lehrer als Entlaster);
- den Schüler zur Selbstdurchschauung anzuregen (der Lehrer als Enthüller);
- die positiven Kräfte des Kindes durch Ermutigung zu steigern, es also auf der Nützlichkeitsseite zu verankern (der Lehrer als Trainer);
- Selbständigkeit und Selbstverantwortlichkeit zu fördern und damit den Jugendlichen vom Erzieher unabhängig zu machen (der Lehrer als Ablöser).[12]

Adler sagte einmal, man verstehe einen anderen Menschen erst richtig, wenn man die Dinge mit seinen Augen sehen, mit seinen Ohren hören, mit seinem Herzen fühlen würde. Mit dieser Empathie (heute auch Mentalisierungsfähigkeit genannt) hätten Lehrer in ihrer Klasse enorm viel in der Hand.

12 Vgl. Karl-Heinz Benkmann, »Schule«, in: *Wörterbuch der Individualpsychologie*, München/Basel 1985.

Aus der frühen experimentellen Sozialpsychologie (am bekanntesten geworden: Kurt Lewins Studien in den 1940er Jahren) wissen wir einiges darüber, wie sich unterschiedliche Führungsstile auf das Arbeitsverhalten einer Freizeitgruppe von Jugendlichen auswirken:

- Beim autoritären Führungsstil übernimmt die Leitungsperson die Hauptverantwortung. Sie verteilt (Teil-)Aufträge, bestimmt den Modus der Aufgabenerledigung und nimmt ein distanziertes Verhältnis zu den Jugendlichen ein. Das Arbeitsergebnis bei diesem Stil ist zwar respektabel, allerdings nur um den Preis permanenter Kontrolle durch den Leiter – das Gruppenklima wird als schlecht beschrieben.
- Beim Laissez-faire-Führungsstil verhält sich die Leitungsperson passiv, sie verzichtet auf Lenkung und Kontrolle und lässt die Jugendlichen selbst die Aufgabe bestimmen und die Arbeit verteilen. Auch bei auftretenden Problemen greift sie nur dann helfend ein, wenn sie ausdrücklich um Hilfe gebeten wird, ihre Beziehung zu den Jugendlichen ist distanziert bis gleichgültig. Qualität wie Quantität des Arbeitsresultats sind hier besonders gering, das Klima in der Gruppe miserabel.
- Beim demokratischen Führungsstil besprechen Leitungsperson und Jugendliche die Aufgabe gemeinsam und legen miteinander Teilziele fest. Die Leitungsperson gibt Hilfestellungen, ohne aber den Jugendlichen die Verantwortung aus der Hand zu nehmen, das emotionale Verhältnis ist eher freundschaftlich. In diesem Fall entsteht freiwillige Kooperation der Jugendlichen sowie eine angenehme Atmosphäre.

Im deutschsprachigen Raum hat die Forschungsgruppe um Annemarie und Reinhard Tausch in den 1960er Jahren insbesondere die positiven Effekte emotionaler Wärme seitens der Lehrkraft herausgestellt. Dazu gehören auch Aspekte wie Achtung, Rücksichtnahme, Empathie, Echtheit und Aufrichtigkeit. Emotionale Wärme wirkt sich demnach positiv auf Angstlevel, Klassenklima und Leistungsbereitschaft aus – sowie auf die Zufriedenheit von Lernenden wie von Lehrenden.

Bindungstheorie

Bereits in den 1950er Jahren hatte der britische Kinderpsychiater John Bowlby eine humanwissenschaftliche Metatheorie begründet, die den Aufbau und die Veränderung enger zwischenmenschlicher Beziehungen genauer in den Blick nahm. Aus anthropologischer Perspektive wird menschliche Entwicklungsdynamik durch das Zusammenspiel zweier motivationaler Systeme bestimmt: dem Bedürfnis nach Sicherheit und dem Streben nach Neuerkundung. Die frühen Erfahrungen mit den primären Bindungspersonen im Hinblick auf Angst/Vertrauen und Vorsicht/Entdeckungsdrang gerinnen im Laufe der ersten Lebensjahre zu musterhaften Erlebnis- und Handlungsbereitschaften, die sich vier »Bindungstypen« zuordnen lassen (sicher gebunden, unsicher vermeidend, unsicher ambivalent, desorganisiert). Je größer die elterliche Feinfühligkeit im Hinblick auf die Regungen des Kleinkindes, umso tiefer zukünftig sein grundlegendes Lebensvertrauen, umso ausgeprägter seine spätere Fähigkeit zu angemessener Eigenwahrnehmung (Selbstregulation) und Fremdwahrnehmung (Mentalisierung). Sicher gebundene Kinder spielen ausdauernder und konzentrierter, sie haben weniger Streit und lösen Konflikte selbständiger, sie neigen zu einer optimistischeren Weltsicht und haben ein realistischeres Selbstbild.

Sein individuell erworbenes Bindungsmuster aktiviert das

Kind auch in schulischen Lernsituationen, schließlich beschert einem neuer Stoff immer auch ein gewisses Fremdsein, birgt ein Angstpotential. Ein sicher gebundener Schüler wird sich unbekümmert herausgefordert fühlen, während die beiden unsicheren Typen beunruhigt reagieren (sie verbeißen sich verkrampft in die Sache oder klammern an der vertrauten Lehrperson); der desorganisierte Typ hingegen agiert unkalkulierbar – er wendet sich völlig vom Inhaltlichen ab oder verwickelt die Lehrperson in Kämpfe. Aber auch Pädagogen reagieren auf Lernprobleme oder Klassenkonflikte mit ihrem jeweiligen Bindungsmuster: Die sicheren sind eher entspannt und empathisch, unsichere hingegen werden schnell abweisend und distanziert – und desorganisierte fallen durch Unberechenbarkeit und Empathiemangel auf.

Nun spielen sich schulische Lern- und Beziehungsvorgänge ja nicht nur zwischen zwei Seiten ab, sondern in einer Gruppe – und auch die kann als sicherer Hafen wirken oder als Minenfeld. Neben der Sachebene existiert also eine komplexe, hochgradig wirksame Beziehungsebene: individuelle Sympathien und Antipathien, Cliquen, unterschiedliche Rollen (z. B. Star, Kritiker, Vermittler, Clown, Störer, Opfer), Rangordnungsfragen (bezüglich Leistung, Kontakt, Führungswillen, Zugehörigkeit). Die Klasse erweist sich damit als gruppendynamischer Raum, in dem es für jeden Schüler – abgesehen vom Lernstoff – um Fragen der Zugehörigkeit, von Macht oder Unterlegenheit, von Nähe und Distanz geht. Sie wird in dem Maß als sicherer Ort erlebt (kohäsive Klasse), in dem sie Geborgenheit vermittelt, Isoliertheitsängste reduziert und Unterstützung bereitstellt.

Aus bindungstheoretischer Sicht sind Lernbeeinträchtigungen und Verhaltensstörungen also eine Folge frühkindlicher maligner Beziehungserfahrungen bzw. ein Ausdruck der dabei erworbenen Bindungsmuster. Diese können allerdings von der Lehrperson aufgeweicht und verändert werden – sofern diese ihr Potential als alternative Bindungsfigur annimmt, die Klassengemeinschaft als neuen »sicheren Hafen« gestaltet und das didaktische Dreieck (Lehrer – Schüler – Thema) bindungsorientiert interpretiert. Dazu muss sie sich aber ihrer eigenen Bindungsschemata bewusst sein und in Sachen Feinfühligkeit wie Souveränität hinreichend professionell sein.

Selbstbestimmungstheorie

Die Selbstbestimmungstheorie der amerikanischen Forscher Edward L. Deci und Richard M. Ryan ist ein jüngerer Versuch, den Zusammenhang zwischen Motivation und Lernen ohne Rückgriff auf unbewusste Vorgänge zu interpretieren. Danach ist die Motivation für ein bestimmtes Verhalten immer davon abhängig, inwieweit drei psychologische Grundbedürfnisse des Menschen befriedigt werden können: nach Kompetenz, nach sozialer Zugehörigkeit und nach Autonomie. Unterricht wirkt demnach in dem Maße motivierend, wie er für jeden Schüler Erfolge ermöglicht, soziales Eingebundensein schafft sowie Entscheidungsfreiheit gewährleistet.

Auch hier liegt die Relevanz für die Beziehungsebene auf der Hand: Denn es ist der Lehrer, der ermutigendes Feedback auf dem Weg zu einem Lernziel gibt – das Ergebnis aber dann dem Schüler zuschreibt. Der Lehrer ist es auch, der insbesondere schwierige Schüler wertschätzt und unterstützende Beziehungen in der Klasse stiftet und fördert. Am Lehrer liegt es schließlich, ob er den Schülern auch unterrichtliche Mitverantwortung überträgt oder ihre Eigenbeurteilungen zu Stoff oder Lernprozess schätzt und würdigt.

Empirische Unterrichtsforschung

Zu den geisteswissenschaftlichen Modellen über Unterrichtsprozesse und Lehrerhandeln ist in jüngerer Zeit verstärkt eine empirisch-datenbezogene Sicht getreten. Dabei werden Merkmale beobachteten Unterrichts in quantitative Verbindung mit erzielten Lernleistungen gebracht – und daraus Hypothesen über Leitbilder für guten Unterricht abgeleitet. Wegen der ungeheuren Komplexität schulischen Lehr-Lern-Geschehens verbieten sich zwar allzu einfache, quasi lineare Deduktionen schulischer Normativität – aber eine gewisse Groborientierung in der Frage »What works?« ist nicht von der Hand zu weisen.

Besonders bekannt geworden – und in ihrem Datenumfang bislang unübertroffen – ist die Metastudie *Visible learning* (2009) des Neuseeländers John Hattie (dt. *Lernen sichtbar machen*, 2013). Hattie hat versucht, das Zeitalter des Vermutens, Glaubens und Hoffens in der Schulpädagogik durch eine datenbasierte Bilanzierung unterrichtlicher Effekte abzulösen. Er sammelte bislang über 80 000 Einzelstudien – in rund 1000 Metastudien gebündelt und bereits vorbilanziert – und leitete daraus ein bemerkenswertes Bild schulischer Lernwirksamkeit ab. Demnach sind Schülerleistungen zwar nur zur Hälfte durch äußere Maßnahmen beeinflussbar, aber davon entfällt der überwiegende Anteil auf das Handeln und die Einstellungen der Lehrer (30% von 50%, also 60% des Beeinflussbaren). Und an diesem Pädagogenfaktor ist – was Wunder – die Lehrer-Schüler-Beziehung wiederum überdurchschnittlich beteiligt.

Während Hattie den mittleren Effekt aller möglichen Einflüsse auf die Lernleistung mit d = 0,4 ansetzte, ermittelte er für die Lehrer-Schüler-Beziehung den überdurchschnittlichen Wert d = 0,52. Das ist auch deshalb bedeutsam, weil Lehrkräfte selbst ihre Beziehungswirkung in der Regel geringschätzen – ganz anders als Lernende und Eltern. Besonders hohe Teilwerte erzielten lt. Hattie die affektiven Aspekte Feinfühligkeit, Warmherzigkeit und Ermutigung.

Dass die Effektstärke der Beziehungsqualität entgegen der Alltagsevidenz nicht noch höher ausfällt, könnte daran liegen, dass für die diesbezügliche Kategorie nur eine einzige Metastudie herangezogen werden konnte – was vermutlich damit zu tun hat, dass Beziehungsmäßiges für Messbarkeit nur begrenzt zugänglich ist. Bemerkenswert ist indes die hohe Effektstärke anderer Faktoren, bei denen dialogisch-personale Momente eine tragende Rolle spielen: direkte Instruktion (0,59), Feedback (0,70), Unterstützung Schwächerer (0,77), Klassendiskussionen (0,88), Glaubwürdigkeit der Lehrkraft (0,90), Wertschätzung von Leistung (1,29). Demgegenüber verzeichnet Hattie für Fachkompetenz als isolierte Größe lediglich einen schwachen Effekt (0,09) – erst in Verbindung mit didaktischer und pädagogischer Kompetenz führt diese zu einem wirkungsmächtigen Dreiklang.

Hatties Daten untermauern, dass sich erfolgreiche Lehrkräfte durch eine gewisse Leidenschaft auszeichnen. Sie verstehen es, eine Lerngruppe (Klasse) effizient (d. h. störungsarm, aktivierend, adaptiv) zu führen und ein lernförderliches (z. B. fehlerfreundliches, zutrauendes, zumutendes, zugewandtes) Unterrichtsklima zu entfalten. Zudem lassen sie jeden einzelnen Lernenden spüren, dass sie an seinen Leistungsfortschritt glauben. Unter Hatties 10 Leitlinien (»Mindframes«) für Lehrer betreffen mindestens drei den Beziehungsbereich: 4. Ich entwickle positive Beziehungen. 5. Ich benutze Dialog anstelle von Monolog. 8. Ich gebe und fordere Rückmeldung (vgl. Hattie 2014).

Auch aus dem sonderpädagogischen Bereich werden Hatties Befunde unterstrichen. So zählt in Mitchells Metastudie zu den wirkungsmächtigsten Unterrichtsstrategien: angenehmes und motivierendes Klassenklima, lerntheoretisch fundierte

Verhaltensmodifikation sowie Direkte Instruktion und Lehrerfeedback.[13] Auch eine deutsche Untersuchung von standardisierten sonderpädagogischen Förderprogrammen zeigte, dass Erfolge und Misserfolge insbesondere mit der Art der Beziehungsgestaltung variieren, die die Lehrkraft mit den ihr anvertrauten Kindern pflegt.[14]

Es trifft übrigens nicht zu, dass die empirische Unterrichtsforschung Schüler lediglich als Marionetten in einem pädagogisch-technokratischen Setting sieht. Das zuletzt von Helmke 2017 ausformulierte »Angebots-Nutzungs-Modell« betont vielmehr, dass ihnen durchaus eine gewisse Teilautonomie zukommt. Denn durch ihre Wahrnehmungen und Interpretationen des Unterrichtsgeschehens entscheiden sie mit über dessen tatsächliche Nutzung und damit auch über die Ergebnisse. Der Output von Unterricht ist also – jenseits des bewusst gestalteten didaktisch-methodischen Szenarios – in hohem Maße von wechselseitigen Interaktionen in der Lehr-Lern-Situation abhängig.

Dafür sprechen nicht zuletzt jüngere Erfahrungen mit Onlineangeboten von Musikschulen und Instrumentenlehrgängen. Nach einer euphorischen Anfangsphase lässt die Motivation vieler Schüler mit der Zeit nach – weil ihnen der Mensch fehlt, dessen Blick auf ihnen ruht, dem sie ihren Übungsfortschritt zeigen können, der ihnen auch selbst etwas vorspielen kann.

Nach den verunsichernden Bildungsdebatten der letzten Jahrzehnte hat Hatties evidenzbasiertes Lehrerbild etwas

13 David Mitchell, *What really works in Special and Inclusive Education? Using evidence-based teaching strategies*, London ²2014 (zusammengefasst von Rainer Dollase online: inklusion-als-problem.de/wp-content/uploads/2016/03/Mitchell-rezensiert-von-Dollase.pdf, Stand: 18.9.2019).

14 Günther Opp / Michael Fingerle, *Was Kinder stärkt*, München ³2008, nach Hechler 2017.

gleichzeitig Rehabilitierendes wie Revolutionäres. Ewald Terhart versteht es als

> »eine Absage an eine naiv- oder pseudokonstruktivistische Ausrichtung des Lehrerbewusstseins, das sich eher in der Beobachter- als in der Aktivatorrolle gefällt. Durch dieses aktive, herausfordernde Lehrerbild rehabilitiert Hattie den dominanten, redenden Lehrer – der aber ebenso auch genau weiß, wann er zurücktreten und schweigen muss. Die Perspektive auf den Unterricht ist: lehrerzentriert. Im Zentrum steht ein Lehrer, für den allerdings seine Schüler im Zentrum stehen. Er muss ihr Lernen sehen können, um sein Lehren daran orientieren zu können.«[15]

Neurowissenschaften

Entgegen ersten Hoffnungen ermöglichen die neuen bildgebenden Verfahren in den Neurowissenschaften keineswegs, Rezepte für guten Unterricht direkt aus Gehirnscans abzuleiten – und sie bieten schon gar keine völlig neue Sicht von Lehr-Lern-Prozessen (Neurodidaktik). Die Neuroforschung liefert aber durchaus interessante neuronale Korrelate zu pädagogischer Erfahrung und erziehungswissenschaftlicher Debatte – insbesondere im Hinblick auf Lehrerrolle und pädagogische Beziehung.

So gilt mittlerweile als erwiesen, dass die Hirnentwicklung keiner rein genetischen Steuerung unterliegt: Das zunächst im

15 Ewald Terhart (Hrsg.), *Die Hattie-Studie in der Diskussion*, Seelze 2014, S. 22 f. Vgl. auch E. T., »Visible Learning. A Synthesis of over 800 Meta-Analyses relating to Achievement«, in: *Zeitschrift für Pädagogik* (2011), Heft 1, online: www.pedocs.de/volltexte/2014/8711/pdf/ZfPaed_1_2011_Rezension_Terhart_Hattie_Visible_Learning.pdf (Stand: 19.9.2019).

Übermaß vorhandene neuronale Material wird erst gemäß seiner Nutzung ausgeformt. Alle komplexen Leistungsmuster des Gehirns werden somit erworben, nicht (v)ererbt; später beobachtbare ›Begabungen‹ sind lediglich der Niederschlag früherer intensiver spezifischer Erfahrungen und Betätigungen – man könnte von geronnener Erfahrungsdeutung sprechen. Die zu einem bestimmten Zeitpunkt feststellbare Intelligenz ist demnach nichts anderes als die bis dahin erworbene Dichte und Stärke des neuronalen Netzwerks. Und diese Gehirnstruktur behält bis ins Erwachsenenalter hinein eine gewisse Plastizität, bleibt also modifizierbar. Das bedeutet: Bei genügender geistiger Anregung und Aktivität kann jeder Heranwachsende jederzeit noch intelligenter werden; es gibt keine sich endgültig schließenden Zeitfenster für schulisches Lernen. Lehrer sollten also mit einem dynamischen Begabungsbegriff operieren.

Es sind nun primär soziale Inputs, die Genpotentiale aktivieren und Neurobotenstoffe freisetzen: Wahrgenommenwerden, soziale Unterstützung, Wertschätzung, soziales Dazugehören. »Ein pädagogisches Konzept, welches die Vorgänge ausblenden würde, die mit der persönlichen Begegnung von Lehrenden und Lernenden zu tun haben, wäre daher unprofessionell – jedenfalls aus neurobiologischer Sicht.«[16] Distanziertes Lehrerverhalten etwa oder übertriebener Lehrerentzug durch vorrangig selbstorganisierte Lernformen würde nicht nur das kindliche Motivationslevel reduzieren, sondern auch seine Stress-Systeme aktivieren.

Damit wird unterstrichen, was die kindliche Motivation

16 Joachim Bauer, »Einfühlung, Zuwendung und pädagogische Führung«, in: Herrmann 2019. Vgl. auch J. B., »Reformpädagogik – Nähe – Distanz«, www.beltz.de/fachmedien/paedagogik/zeitschriften/paedagogik/themenschwerpunkte/reformpaedagogik_naehe_distanz.html (Stand: 19.9.2019).

mehr als alles andere fördert: dass sie sich als Personen gesehen fühlen; dass sie sich mit eigenen Gedanken, Gefühlen und Einschätzungen einbringen können; und dass diese mit Interesse gehört (nicht zwangsläufig: vollkommen berücksichtigt) werden. Gleichzeitig ist der antipädagogischen Auffassung jeder Boden entzogen, wonach Kinder am besten selbst wüssten, was für ihre Entwicklung gut sei. Denn erst die durch eine Bezugsperson angeregte Emotionsregulierung lässt – via »neuronale Systemkonditonierung« – allmählich eine stabile und angemessene Selbstwahrnehmung und -äußerung entstehen.

»Kern der pädagogischen Beziehung sind wechselseitige Spiegelungs- und Resonanzvorgänge.« Das bedeutet: Der Lehrer muss ein gut austariertes Verhältnis von Einfühlung und Führung entwickeln. Zum einen kann sich der sensible Pädagoge kraft seiner Spiegelneurone in seine Schüler einfühlen, kann etwas von dem spüren, was in ihnen vor sich geht – und seine Schützlinge nehmen dies als Interesse und Zuwendung unwillkürlich wahr. Zum anderen kann und sollte er sie durch seine ›Botschaften‹ aktiv anstecken – seine Begeisterung am Fachlichen, sein Zutrauen zu ihren Fähigkeiten, seine Freude über ihre Erfolge, seine Hilfsbereitschaft bei etwaigen Schwierigkeiten. Zwar mag sich Selbstwirksamkeitserleben auch bei interaktiven Computeraktivitäten einstellen – aber dies geschieht ebenso gegenüber Lehrpersonen, die interessiert auf ihre Schüler eingehen. Bis in die Oberstufe ist der aufmunternde Blick des Lehrers, seine Freude am Arbeiten mit der Klasse einfach mitreißender als jedes noch so gut ausgetüftelte Selbstlernblatt.

Konkretere ›neurodidaktische‹ Ratschläge sind dagegen mit Vorsicht zu genießen:

> »Wo immer nämlich aus der neurowissenschaftlichen Grundlagenforschung pädagogische Empfehlungen abgeleitet werden, stoße ich auf die gleichen groben Vereinfachun-

gen, Fehlrezeptionen und Überstrapazierungen. In Ratgebern zum hirngerechten Lernen oder zur optimalen Hirnnutzung wimmelt es nur so von falschen Vorstellungen. Einige davon sind kurios, andere geradezu amüsant, manche halte ich aber auch für bedenklich […].«[17]

Insbesondere sieht die Hirnforschung manch innovativ klingende Lehr-Lern-Idee eher als Hirngespinst. So entlarvt Nicole Becker den verbreiteten »Linkshirn-Rechtshirn-Mythos« als Unsinn, wonach in der modernen Gesellschaft vielfach die rechte, emotional-kreative Hirnhälfte verkümmere, was zu Lern- und Verhaltensproblemen führe – die angeblichen Integrationsübungen beider Hirnhälften können wir also getrost vergessen. Auch die vielfache Rede von den ungenutzten Hirnkapazitäten erweist sich bei näherem Hinsehen als Legende. Ebenso gebe es keinerlei Hinweise dafür, dass Lernen nur dann besonders erfolgreich sei, wenn es ständig Spaß mache. Und schließlich sei die Rede von ›Lerntypen‹ kontraproduktiv: Es handele sich dabei höchstens um individuelle Momentaufnahmen, wichtig sei aber, jedes Kind mit einem breiten Repertoire an Problemlösungsstrategien vertraut zu machen.

Lehrergesundheit

Auch nach aktuellen arbeitsmedizinischen Befunden kann der Stellenwert der Lehrer-Schüler-Beziehung nicht hoch genug eingeschätzt werden – im Hinblick auf den Lernerfolg der Schü-

17 Nicole Becker, »Achtung Zeitfenster! Die Grenzen der Neurodidaktik«, SWR 2 Wissen: Aula, 9.11.2008, www.swr.de/-/id=4023400/property=download/nid=660374/1ymvoer/swr2-wissen-20081109.pdf (Stand: 19.9.2019).

ler wie auch auf die Berufszufriedenheit seitens der Pädagogen. So bilanzierte kürzlich der Autor der *Potsdamer Studie zur Lehrergesundheit* von 2005, Uwe Schaarschmidt: »Wenn Lehrerinnen und Lehrer mit ihrem Beruf nicht zurechtkommen, ist fast immer die nicht gelingende Beziehungsgestaltung (vor allem gegenüber den Schülern) eine entscheidende Ursache.«[18]

Und dieses Problem sei recht akut: Nicht nur, dass weiterhin über 60 Prozent der untersuchten Lehrkräfte zu den heiklen Risikomustern A (übermäßige Anstrengung bei eingeschränkter Belastbarkeit und geringer Zufriedenheit) und B (Nähe zum Burnout, Resignation und chronische Erschöpfung) zählten; man finde auch das erwünschte Muster G zusehends seltener (starkes, aber nicht überzogenes Engagement, Belastbarkeit, Zufriedenheit und Wohlbefinden).

Eine verunsicherte Pädagogenmentalität, Kinder im Bann digitaler Medien sowie überfordernde schulische Aufgaben in Integration und Inklusion haben offenbar eine brisante Gemengelage geschaffen – bessere Ausbildung und angemessenere Ressourcen wären dringend vonnöten:

> »Lehrkräfte verbrauchen [...] die meiste Kraft nicht etwa mit der Stoffvermittlung an sich, sondern damit, im Klassenzimmer erst einmal eine Situation herzustellen, in der Lehren und Lernen überhaupt beginnen kann.«[19]

18 www.news4teachers.de/2017/05/mehr-als-zehn-jahre-nach-der-potsdamer-studie-zur-lehrergesundheit-zieht-ihr-leiter-ein-trauriges-fazit-vielerorts-zeichnet-sich-eine-ruecknahme-des-beruflichen-engagements-ab (Stand: 19.9.2019).

19 Joachim Bauer, »Die pädagogische Beziehung: Neurowissenschaften und Pädagogik im Dialog«. In: Herrmann 2019. Online: www.spes.co.at/fileadmin/Downloads/FamAK/Fachtagung_elterbildung_2017/Prof._Dr._Joachim_Bauer__Hauptreferat.pdf (Stand: 19.9.2019).

›Haltung‹ als beziehungstheoretische Bündelung

Ein aktueller Versuch, die Lehrer-Schüler-Beziehung begrifflich zu fassen und in ihrer Bedeutsamkeit zu fokussieren, hat den Begriff der ›Haltung‹ gewählt.[20] Je nach Ansatz werden damit der Bereich der Überzeugungen von Lehrkräften (kompetenztheoretische Perspektive) oder aber implizite Wahrnehmungs- und Denkmuster bezeichnet (Habitusforschung). Als zentrale Komponenten einer entwicklungsförderlichen Lehrerhaltung gegenüber Schülern und Eltern werden positive Zugewandtheit, grundsätzliche Offenheit für individuelle (Lern-)Bedürfnisse und die Akzeptanz von (Schüler-)Feedback herausgearbeitet.

Hervorzuheben ist dabei zweierlei: Zwar wird der Topos ›pädagogische Autorität‹ nicht explizit behandelt, was der aktuellen Forschungslage entsprochen hätte (Reichenbach ²2019). Immerhin aber wird die scheinhumane Forderung, Lehrpersonen müssten Schülern auf Augenhöhe begegnen, als weder realisierbar noch wünschenswert gesehen. Die pädagogische Beziehung sei zwangsläufig und sinnvollerweise eine asymmetrische – wissensbezogen, vermittlungsbezogen, generational und institutionell. Dies zu leugnen, wäre ein Kunstfehler – vielmehr sei es günstig, anleitende Kooperation mit reflektierter Selbstverständlichkeit zu praktizieren. Zum anderen wird dafür plädiert, den Aspekt uneigennütziger Fürsorge gegenüber Schülern stärker als erwünschte Haltungskategorie zu gewichten. Tatsächlich träten zu viele Lehrkräfte ihren Schülern lediglich als neutral-distanzierte Unterrichtsagenten gegenüber – oder aber sie erwarteten von diesen die Stillung eigener Anerkennungsbedürfnisse.

20 Rotter, Carolin / Schülke, Carsten / Bressler, Christoph (Hrsg.), *Lehrerhandeln – eine Frage der Haltung?*, Weinheim/Basel 2019.

Mit dieser Positionierung wird nicht zuletzt dem aktuellen Stand der Verhaltensforschung Rechnung getragen. Eine Forschergruppe um Michael Tomasello hat ja gezeigt, dass kulturelle Entwicklung überhaupt nur deshalb stattfinden kann, weil die Gattung Mensch über die Fähigkeit verfügt, die Aufmerksamkeit für eine Sache mit anderen teilen zu können – und dies auch zu wollen. Das gilt insbesondere auch zwischen den Generationen: »Es beginnt mit dem Zeigefinger«. Tomasello bestätigt aus anthropologischer Sicht, was etwa die Individualpsychologie schon früh als Gemeinschaftsgefühl bezeichnet hat. »Der Mensch – das ist für Tomasello das Tier, das mitteilt. Das Tier, das ›wir‹ sagt. Und das Freude hat an der Kooperation.«[21]

Bilanz

Alles, was man pädagogisch veranstalten wolle, müsse über den Kontakt zwischen Lehrer und Schülern transportiert werden – so brachte Hermann Giesecke die Lage einmal auf den Punkt. Das Kapitel »Wissenschaftliches« hat gezeigt, dass das, was diese Beziehung ausmacht bzw. wie sie beschaffen sein sollte, forschungsseitig mittlerweile breit ausgeleuchtet ist. Der Schüler darf demnach nicht als Objekt missverstanden werden – für Kultusbürokraten, Fachbeamte oder ehrgeizige Eltern. Er ist vielmehr Subjekt, ein Mensch mit Eigenwert, mit dem der Lehrer in ein führendes wie einfühlsames, dialogisch-wohlwollendes und gleichzeitig sicherndes Verhältnis treten sollte. Die sich dabei ergebende persönliche Beziehung beruht – neurophysiologisch gesehen – auf wechselseitigen

21 Mathias Greffrath, »Das Tier, das ›Wir‹ sagt«, in: *Die Zeit*, Nr. 16, 8.4.2009.

Spiegelungs- und Resonanzvorgängen. Dabei werden – so der tiefenpsychologische Aspekt – auf beiden Seiten auch unbewusste, biografisch bedingte Erlebensmuster aktiviert – und diese können Lehren wie Lernen begünstigen oder erschweren. Entwicklungsblockierende Anteile solcher Muster vermögen Lehrer bei entsprechender Schulung indes zu durchschauen, aufzuweichen, ja zu entschärfen.

Es scheint also mehr als gerechtfertigt, die pädagogische Beziehung auch in der Unterrichtspraxis zukünftig stärker zu beachten und zu verankern. Denn wenn die »Kultivierung der Beziehungen zwischen einem Meister oder Vorreiter und seinen Nachfolgern oder Schützlingen [...] eine Stärke der antiken Kultur [...] [war], die in späteren Epochen durch kein funktionales Äquivalent ersetzt werden konnte«[22], dann müsste man das ja nicht lange beklagen, sondern könnte es auch als reizvolle Entwicklungsaufgabe ansehen. Der Meister der Lehrkunst (*artifex*[23]) als wohlwollender, fachlich wie pädagogisch kundiger Repräsentant einer demokratischen Gesellschaft – könnte er nicht das erzieherische Vakuum füllen, das die zunehmend partnerschaftlichen pädagogischen Verkehrsformen hinterlassen? Zumal die Charakteristika einer solchen Erzieherpersönlichkeit (Sensibilität, Begeisterung, Souveränität) ja keine zusätzliche berufliche Bürde wären, sondern Erleichterung und Befriedigung versprechen ...

22 Karl-Oswald Bauer, »Lehrer-Schüler-Interaktion im Kontext von Schulentwicklung«, in: Martin K. W. Schweer (Hrsg.), *Lehrer-Schüler-Interaktion*, Wiesbaden 2016.

23 Jochen Krautz, »Pädagogik als téchne, der Lehrer als artifex«, in: Björn Blankenheim (Hrsg.), *Kunstlehre/Lehrkunst. Kunstlehre als Paradigma von Bildung, Erziehung und Vermittlung*, München 2019.

3
Beziehungsgestaltung im Unterrichtsalltag

Von der Alltagsdeutung früher Gelehrter über die einfühlsamen Präzisierungen und systematisierenden Deutungen neuzeitlicher Pädagogen und Tiefenpsychologen bis hin zu Neurowissenschaften, Bindungstheorie und Unterrichtsforschung: Aus unterschiedlichsten Perspektiven erscheint Unterricht zu einem ganz wesentlichen Teil als Beziehungsgeschehen. Lernen ist eben ein Vorgang, bei dem Menschen Sicherheit und Herausforderung benötigen. Beides liefert ein leibhaftiger Lehrer aber in weitaus stärkerem Maße als jedes unpersönliche Medium (und auch als die diffus-heterogene Peergroup): Als fachlich Begeisterter macht er das Thema für den Schüler erst richtig interessant, als Diagnostiker ermutigt er zu Ausdauer und Problemlösung, als Kapitän inszeniert er die Klasse als Sicherheit und Anregung bietende Basis. Und als Brückenbauer vermag er blockierende Erlebens- und Handlungsmuster abzuschwächen und günstigere Weichenstellungen anzubahnen

Es spricht also alles dafür, der Beziehungsfrage, dieser *conditio sine qua non* erfolgreichen und befriedigenden Lehrens und Lernens, in der täglichen Bildungsarbeit zu angemessener Geltung zu verhelfen. Was heißt das also konkret, Unterricht sei Beziehungssache – gar die Zuspitzung, die Lehrer-Schüler-Beziehung sei der Geheimcode für Unterrichtserfolg? An typischen Szenarien – gewissermaßen den Knotenpunkten und Baustellen des Lehrerwirkens – lässt sich das gut erläutern: wie man eine neue Klasse empfängt, wie man die Grundstimmung des Unterrichts gestaltet, wie man die Klasse als Ort des Beheimatetseins arrangiert und den müden oder wilden ›Haufen‹ auch noch in der Mittagshitze voranbringt, wie man Pubertierende für ungewohntes Fachliches begeistert, wie man auch in großen Klassen jeden Einzelnen im Auge behält und über Schwierigkeiten hinweghilft, wie man eine Klassenarbeit zurückgibt, wie man Unterrichtsstörungen entschärft – und nicht zuletzt: wie man Elternarbeit so gestaltet, dass sie Früchte trägt und nicht zur Last wird.

Oft sind es nur kurze Momente, in denen förderliche Beziehungsmomente in der Schule zum Ausdruck kommen – deshalb entziehen sie sich ja auch leicht standardisierter Erfassung, deshalb wirken konkrete Handlungsrezepte ja auch schnell banal. Reinhold Miller beschreibt solche Miniszenen, in denen die innere Richtschnur eines Pädagogen aufblitzt, etwa einen Hausmeister, der morgens jedes Schulkind individuell begrüßt – »ich darf doch niemanden übersehen«. Oder die Lehrerin, die einer Schülerin erlaubt, abweichend von der Regel während Tests Kaugummi zu kauen – »sonst muss ich doch vor lauter Aufregung immer die Fingernägel abbeißen«. Den Lehrer, der einen Schläger deutlich zurechtweist, aber sich dann auch dessen »Gründe« anhört – »dauernd krieg ich zu Hause Prügel, soll ich denn hier auch noch alles einstecken?« Oder den, der einem ›Aufsässigen‹ in der Pause zwar an den Kopf wirft, er würde ihn total nerven – dann aber hinzufügt: »Ich find's auch super, was du alles kannst«. Nicht zuletzt den, der sich bedanken kann, wenn Schüler ihn höflich auf eigene Irrtümer hinweisen.[24]

Grundstimmung

In Beziehung mit der Klasse sein, das ist glücklicherweise überhaupt nichts Magisches: Es bedeutet zunächst einfach, das gemeinsame Lernen als freundlicher Mitmensch zu gestalten,

24 Reinhold Miller, »Förderliche Beziehungen«, in: Herrmann 2019.

nicht als kühler Lehrautomat oder distanzierter Bildungsagent – allerdings als besonders kundiger, wohlwollender, ermutigender und zielbewusster. Der beziehungsaktive Lehrer ist an seinen Schülern interessiert, ja von ihnen in einem gewissen Sinn begeistert (gerade auch von ›Schwierigen‹); er greift ihre Beiträge auf und stellt Rückfragen, er ist über die Stärken und Schwächen Einzelner im Bilde und lässt sie merken, dass ihm das Vorankommen eines jeden wichtig ist, er bekommt sämtliche Abläufe im Klassengeschehen mit, ist auch für Persönliches ansprechbar (natürlich nicht jederzeit), er kann auch mit den Schülern lachen und eigene Fehler eingestehen, er lässt sich möglichst nicht zu ärgerlichen oder abwertenden Affekten hinreißen. Er ist immer bestrebt, sie erleben zu lassen, dass sie für ihn keine Objekte oder Nummern sind, sondern ein konkreter Paul, eine individuelle Paula. Und er sucht nach Wegen, wie er die Schüler auf sich ausrichten kann – nicht um sie abhängig zu machen, sondern um sie mit seiner Energie anzustecken, sie seine und der Welt Anregungen leichter aufnehmen zu lassen.

Stundenbeginn

Nicht selten begrüßen Lehrer ihre Lerngruppe, ohne diese anzusehen, noch während sie ihr Material herauskramen oder gar sortieren, noch während der Pausentratsch weiterläuft. Wenig überraschend, wenn Schüler sich da nicht gesehen fühlen, sich wie Lernmaschinen vor der Programmierung vorkommen – und entsprechend unbeteiligt bis skeptisch sind! Welch anderes Szenario dagegen eine chorische Begrüßung, bei der man sich von seinem Pausenschwatz löst, zu der vielleicht sogar alle aufstehen, während des Lehrers Blick jeden kurz und einladend streift …

Außerdem unternehme ich zunächst immer irgendetwas,

um konkreter den Kontakt mit den Schülern herzustellen und eine gute Anfangsstimmung in der Klasse, eine gewisse Wärme zwischen uns erzeugen: Ein spontaner Scherz, eine launig erzählte Anekdote, die Erinnerung an die wichtige Bemerkung eines Schülers gestern. Das soll keineswegs lange dauern, aber es verbindet – beide Seiten kommen doch jeden Tag wieder aus arg unterschiedlichen Welten! Und danach ist das passiert, was auf Außenstehende wie ein Wunder wirken mag – dass sich nämlich 30 energiegeladen in der Pause lärmende Schüler relativ schnell zu einer aufmerksamen Lerngruppe formiert haben.

Lernklima

Lehrer unterschätzen oft auch, wie anstrengend Lernen für Schüler sein kann: Weil das Thema schwierig ist, weil man mit dem Fach immer schon Probleme hatte, wegen des Streits mit dem Sitznachbarn – oder auch wegen außerschulischer Sorgen, die Eltern kurz vor der Scheidung, ein neues Geschwisterchen. Das A und O guter Entwicklung ist deshalb, die Schüler genügend zu ermutigen. Aber das sagt sich so leicht – nur: Woraus besteht dieses »Vitamin E« eigentlich, wie geht »lernförderliches Unterrichtsklima«?

Ermutigung umfasst alles, was die Angst junger Menschen vor Misserfolg oder vor Fremdem dämpft oder zerstreut, ohne ihnen die Sache aus der Hand zu nehmen: einen weiterführenden Hinweis geben, mit einfacheren Aufgaben beginnen, an frühere Erfolge erinnern, Gelegenheit zur Mithilfe anbieten. Ermutigung bedeutet deshalb ungleich mehr, als man gemeinhin mit dem Begriff Lob verbindet. Lob honoriert ja nur den Erfolg, hilft also nicht auf dem Weg dorthin. Ermutigung ist aber auch weitaus differenzierter als das pauschale »Du kannst das schon«: manchmal nur schon eine kleine Kontaktaufnahme; oder das Zutrauen, dass ein Vorhaben gelingen kann; auch die Rückmeldung, auf dem richtigen Weg zu sein; die Anerkennung, dass sich jemand ehrlich bemüht hat; die Fürsorge, dass alle sozial eingebunden sind; natürlich auch die Wertschätzung für eine gute Leistung; vielleicht gar die Herausforderung zu Neuem oder Besserem. Selbstverständlich widerspricht es dem Grundgedanken der Ermutigung nicht, Unzulänglichkeiten anzusprechen – es könnte geradezu kränkend wirken, wenn der Lehrer Fehler übergeht, der Schuler könnte dies als Nicht-Zutrauen werten, »ich bin anscheinend zu schwach, mich muss man wohl schonen«.

Insgesamt ist es wie mit dem Coach beim Sportwettkampf: Er darf nicht erst hinter der Ziellinie aktiv werden, und dann auch nur bei Erfolg – er ist vielmehr während des gesamten Trainings gefragt. Er muss die Bewegung genau verfolgen, muss gelegentlich anspornen, muss die ganze Zeit achtsam, aufmerksam, präsent sein. Regelmäßiges Echo ist auch dort wichtiger als abschließendes Lob – schließlich spricht der Erfolg ohnehin für sich. Ermutigung als Haltung beinhaltet also: Aufmerksamkeit und Wertschätzung; Entwicklungsoptimismus und Fehlerfreundlichkeit, Gruppeneinbindung und gute Laune; oft auch Unterstützung, Herausforderung und Zumutung.

Apropos Gruppeneinbindung: Eine hierzulande stark unterschätzte Möglichkeit kollektiver Ermutigung sind gelegentliche chorische Lernaktivitäten. Wer selbst schon einmal in einem Chor gesungen hat, weiß um das Verbindende wie Mitreißende gemeinsamen Singens. Im Schutz der Gruppe traut sich auch der Unsichere schon mal einzustimmen. Dazu eignet sich eine Gedichtstrophe ebenso wie ein Merksatz – oder auch nur (in Mathe) das schwierige Wort »Pro-por-tio-na-li-täts-faktor«, möglichst langsam gesprochen, dann möglichst schnell …

Ein produktives Lernklima zeichnet sich nicht zuletzt durch eine gewisse Leichtigkeit seitens des Lehrers aus, mit heiterer Grundfärbung und gelegentlichem Humor. Aber den kann man nicht losgelöst trainieren – und danach läuft alles wie am Schnürchen. Es ist eher umgekehrt: Je weniger Ängste der Pädagoge hat, desto gelassener kann er die Klasse führen, desto spontaner entfährt ihm eine auflockernde Bemerkung, kann er über Witziges schmunzeln.

Bewertung

Noten werden ja bisweilen als Motivationskiller beim Lernen verdächtigt – einer unbelasteten Beziehung zwischen Lehrer und Schülern stünden sie jedenfalls im Weg. Tatsächlich schätzen die Schüler diese knappen Lernstandssignale durchaus – es wäre nur gut, der Lehrer beließe es nicht beim Festlegen und Mitteilen, höchstens noch formalen Begründen der Note. Eine »Fünf« unter der Mathearbeit etwa wird viel erträglicher, wenn der Lehrer per Zusatzbemerkung Mitgefühl erkennen lässt (»Das ist sicher erst mal ein Schlag für dich!«), wenn er einen Teilerfolg hervorhebt (»Aufgabe 3 hast du aber außerordentlich gut hingekriegt!«), oder wenn er die Vermutung äußert, dass die jetzige Schwäche sicher nur vorübergehend sei. Die schlechte Note wiegt auch gar nicht mehr so schwer, wenn er »allen unter vier« anbietet, in einem Zusatztest zu zeigen, ob sie ihre jetzigen Fehler analysiert haben.

Auch Zeugnisse sind fruchtbarer, wenn sie durch persönliche Entwicklungswürdigungen ergänzt werden, mündlich oder schriftlich. Es ist schon etwas anderes, ob ein Neuntklässler »Wieder nur 'ne Vier!« denkt oder ob er vom Fachlehrer zusätzlich hört oder liest: »Der Stoff war ja schwieriger in diesem Jahr, aber du konntest dein Level halten!« Gut auch, wenn der Klassenlehrer sich erkundigt, was jeden Schüler an seinem Zeugnis denn freue und womit er unzufrieden sei (daran können beide Seiten in der kommenden Epoche anknüpfen). Und wenn er die Mathe-Asse fragt, ob sie nicht im nächsten Jahr mithelfen mögen, die Mitschüler mit Lücken ein wenig zu coachen – dann würden sie selbst den Stoff noch besser begreifen und zusätzlich Sozialpunkte sammeln.

Sowenig jedenfalls das System der Ziffernnoten per se ungerecht oder beschämend ist, so wenig sind ellenlange Berichtszeugnisse zwangsläufig beglückend. Es kommt eben auf die Beziehung an. Sogar vermeintliche Katastrophen werden qua Beziehung verkraftbar. Natürlich ist etwa der Wechsel vom Gymnasium zu einer »niedrigeren« Schulform im ersten Moment ein gefühlter Abstieg, ist enttäuschend für Eltern wie Kinder. Aber schon der Hinweis darauf, dass dort viel leichter gute Noten zu erzielen sind, kann die Stimmung aufhellen. Ebenfalls der Tipp, manchen falle das Lernen leichter, wenn sie etwas älter seien – am Ende des 10. Schuljahres könne der Schüler ja wieder in eine gymnasiale Oberstufe wechseln. Und natürlich die pekuniäre Perspektive: »Vielleicht bist du ja auch froh, wenn du nach der 10 einen richtigen Abschluss hast und dann schon dein eigenes Geld verdienen kannst!«

Klassenleitung – wie man eine förderliche Tonlage vorgibt

Klassenlehrer, das ist nicht nur ein institutionelles Amt (Koordinator, Ansprechperson), man wird dadurch für Schüler auch zu einer besonders bedeutsamen Bezugsperson. Aber nicht jeder Kollege löst das mit dieser Funktion verbundene Potential auch ein.

Wie man alleine durch das Räumliche anregen kann! Als ›Klassenchef‹ habe nämlich ich es weitgehend in der Hand, welche Sitzordnung praktiziert wird – plauderbegünstigende Gruppentische etwa oder vereinzelnde Arbeitsplätze oder aber eine U-Anordnung der Tische, die dialogische Plenumsarbeit unterstützt (intensiven Kontakt mit dem Lehrer ebenso wie

Reaktionen auf andere Schüler). Und auch ich kann dafür sorgen, dass Vernünftiges an den Wänden des Klassenzimmers hängt: Anregendes (fachliche Grafiken o.ä. zum Thema), Wertschätzendes (Arbeiten der Schüler aus dem Kunstunterricht -»Galerie 7x«) oder auch Vergewisserndes (themenbezogene Mathe-Wandzeitung »Ausgangsproblem – Forschungsschritte – Lösungsziel«).

Und welche Möglichkeiten man hat, das Miteinander zu betonen, also den Geist einer Lerngemeinschaft zu inszenieren! Das mag bei Klassenschildern beginnen, die man die Schüler gleich zu Beginn künstlerisch gestalten lässt (die zehn besten werden dann von der Klasse ausgewählt und zieren jeweils einen Monat lang die Klassentüre). Es könnte sich fortsetzen über die Stiftung von flexiblen Erste-Hilfe-Tandems (Leistungsstarke & Schwächere) oder gar einer Klassen-AG »Gegenseitige Hilfe« (in einer beaufsichtigten Zusatzstunde, vor Klassenarbeiten oder regelmäßig, treffen sich einige Lernpaare zwecks Aufarbeitung von Stofflücken). Auch erwähnenswert: Die öffentliche und herzliche Gratulation bei Geburtstagen, vielleicht mit einer kleinen Kunstpostkarte oder einem im Kanon gesungenen Lied. Und vor der Entlassung oder bei Stufenende könnten alle gemeinsam eine Klassenzeitung erstellen, in der Lehrer wie Schüler einander ihre Erinnerungen und Pläne hinterlassen.

Am Klassenlehrer liegt es auch weitgehend, welche gemeinsamen Regeln etabliert werden. Das sind zum einen die grundsätzlichen Umgangsformen (z.B. warten, zuhören, keine Gewalt, keine Häme). Das können aber auch weitergehende Leitbilder sein, vielleicht auf Postern Woche für Woche an den Wänden verewigt (z.B. »Lernen ist harte Arbeit!« oder »Fehler sind Trainingspartner!« oder auch »Nur ich kann mich ändern!«). Und es sind natürlich bestimmte Rituale – etwa beim Umgang mit Hausaufgaben: Schüler nehmen doch deren Erledigung nur dann ernst, wenn der Lehrer bei »dreimal vergessen« eine Stunde »Nacharbeit« ansetzt (am besten natürlich dann, wenn er selbst ohnehin in der Schule ist). Falls man diese Zusatzzeit auch für ›Faulpelze‹ seiner Fachkollegen öffnet, tut das für die Arbeitsdisziplin in der gesamten Klasse ein Übriges.

Nun hat man als Klassenlehrer ja ohnehin schon so viel Orga-Kram am Hals – und jetzt auch noch diese ganze Mehrarbeit? Das wäre ein Fehlschluss: »Klassenleitung plus« macht die Arbeit letztlich leichter – weil man die Kraft der Bindung und Ausrichtung besser ausspielen kann. *Ich* habe mich jedenfalls immer förmlich danach gedrängt, eine Klasse zu leiten. Und das Organisatorische habe ich einfach, soweit möglich, an die Schüler abgetreten, habe sie mitarbeiten lassen – es gibt meist nämlich zwei oder drei, die gerne sortieren, Listen abhaken, sich verantwortlich zeigen. Für die gab's dann auch einen speziellen Zeugnisvermerk: »... hat sich sorgfältig als Klassensekretär betätigt.«

Eines bekommen alle ›meine‹ Schüler, übrigens gleich in der Kennenlernstunde: Eine persönliche Muschel oder einen individuellen Kieselstein, in den Sommerferien von mir frisch gesammelt. Ich gehe mit einem Leinensäckchen herum und jeder Schüler greift sich einen. Den sollen sie sich zu Hause auf den Schreibtisch legen – als Symbol dafür, dass sie bei mir einen besonderen »Stein im Brett« haben. Und ich kündige an, an unserem letzten gemeinsamen Schultag all denen ein Eis zu spendieren, die den Stein dann noch besitzen ...

Fehlerfreundlichkeit

Wenn man eine Klasse neu übernimmt, sind alle ziemlich gespannt, die Schüler, aber auch ich. Mathe ist ja ein Hauptfach, von vielen gefürchtet, von ebenso vielen geliebt; da gibt's Klassenarbeiten, es hängt also schon einiges davon ab, wie ein Lehrer ist, wie man mit ihm zurechtkommt. Wir begrüßen uns, ich lasse meinen Blick über die Gesichter streifen, zwei oder drei sind mir schon irgendwo einmal aufgefallen, ach ja, ich war in den beiden vergangenen Jahren schon mal zur Vertretung bei dieser Gruppe.

»Wie viele von euch haben denn bisher eher gute Erfahrungen mit Mathe gemacht – oder finden das ein interessantes Fach?« Gut die Hälfte zeigt auf. »Und für wen war Mathe bis jetzt eher doof?« Jetzt meldet sich ein Drittel. Die Übrigen warten ab.

»Ich bin ja schon fast dreißig Jahre lang Lehrer«, sage ich dann, »und ich habe beobachtet, dass jeder Schüler in Mathe jederzeit besser werden kann. Wenn er es richtig anstellt! Na, was glaubt ihr, worauf kommt es an, wenn man mit Mathe gut zurechtkommen möchte?«

»Immer die Hausaufgaben machen«, ruft einer, »im Unterricht gut aufpassen«, ein weiterer, »vor den Tests alles noch mal wiederholen«, findet ein Mädchen, »alle Regeln sauber in ein besonderes Heft schreiben«, ein anderes.

»Gut, da wisst ihr ja schon einiges«, resümiere ich, »aber das Wichtigste hat noch keiner genannt.« Stille, Ratlosigkeit, Stirnrunzeln. Ich lasse sie nur kurz schmoren: »Dass man Spaß an Fehlern hat!« Jetzt ist aber was los! Sie schauen sich kopfschüttelnd bis entgeistert an, es beginnt zu brodeln, was hat der denn für merkwürdige Ideen – Fehler, das muss man doch möglichst vermeiden, das darf doch gerade in Mathe nicht sein!

Ja, und dann erkläre ich es ihnen. Dass kein Mensch ohne Fehler lernen könne; dass ich mich deshalb gerne mit Fehlern beschäftige, weil man ja vor allem daran etwas lernen kann – und weil man nur daran merkt, *dass* man überhaupt lernt; dass sie deshalb auf den Tintenkiller ruhig verzichten könnten und Fehler lieber sauber durchstreichen, ja das Verbesserte ruhig farbig markieren sollten; nur so sähen sie doch, was sie wieder dazugelernt haben. Und das Witzige sei: Je mutiger man sich beim Lernen mit seinen Fehlern beschäftige, desto weniger Fehler unterliefen einem dann in der Klassenarbeit.

Und dann warne ich sie vor: Im Unterricht würde ich häufig sagen »Das ist aber ein schöner Fehler!« – und das sei dann nicht ironisch gemeint. Oder: »Dieser Irrtum ist ja interessant, wie bist du denn darauf gekommen, da steckt sicher was Weiterführendes drin.« Freude an Fehlern also ja – dagegen Lachen über Fehler, das ginge bei mir überhaupt nicht, das sei einfach out. Ich würde übrigens auch nicht ungeduldig, wenn eine Antwort länger als drei Sekunden auf sich warten lasse – und ich nähme auch nicht gleich die Klassenbeste dran. Allerdings dauere das Korrigieren von Klassenarbeiten bei mir etwas länger, ich gäbe mir nämlich größte Mühe, in den Aufgaben mit falschem Ergebnis nach richtigen Gedankenpartikeln zu suchen und dafür Teilpunkte zu geben – das wäre doch wohl nur gerecht.

Manchmal sorgt diese Einstimmung indes für Missverständnisse. Einmal hat mich ein guter Schüler nachher beklommen gefragt, ob man denn auch gute Noten bekommen könne, wenn man keine Fehler mache. Andererseits gibt es auch Schüler, die meine Begrüßung dazu verleitet anzunehmen, ich nähme das Lernen auf die leichte Schulter – die bemerken ihren Irrtum aber schnell. In Sachen Fehler versuche ich übrigens, selbst gutes Vorbild zu sein: Ich scheue mich nicht, Fehler einzugestehen, die sich auf Tafel oder Musterlösung eingeschlichen haben, ja ich lobe ausdrücklich jeden Finder ob seiner Genauigkeit und kritischen Haltung.

Achtung Rückläufer!

Da ist einer nicht versetzt worden und muss nun das Schuljahr in unserer Klasse wiederholen, gegenseitige Gefühle der Blamage und Häme wären nicht überraschend. Vielleicht ist der

Abstieg noch stärker, ist der Neue am Gymnasium gescheitert. Jetzt ärgert ihn nicht nur die verlängerte Schulzeit, auch nicht nur der Gesichtsverlust vor den Jüngeren, zu denen er jetzt verdonnert wurde. Obendrein hat ein persönliches Konzept Schiffbruch erlitten – er hat sich eingebildet, er gehöre zu den Besseren, konnte diese Hoffnung aber nicht einlösen; oder er hat gemeint, er müsse sich nicht anstrengen und nach den Lehrern richten, und jetzt haben die ihm einen Strich durch seine Rechnung gemacht. Und ein gekränktes Kind kann eine funktionierende Klassengemeinschaft schon heftig durcheinanderwirbeln.

Ein sensibler Lehrer kann es aber auch auffangen – er darf nur nicht dem Irrtum verfallen, gleich vom ersten Moment strenge Saiten aufziehen zu wollen. Günstig wäre vielleicht, diesen Jungen zunächst abseits der Klasse zu begrüßen, ohne die Bühne, auf der er sich belauert fühlen, zu Imponiergehabe, zu ungünstiger Erstpositionierung gezwungen sehen könnte. Ich würde mich ganz in Ruhe danach erkundigen, warum es in der bisherigen Klasse oder Schule seiner Meinung nach nicht geklappt hat. Dann würde ich Verständnis dafür andeuten, dass das sicher keine einfache Lage für ihn sei; und ich würde durchblicken lassen, dass es Wege gebe, dieses verlorene Jahr wieder herauszuholen, vielleicht gar doch noch Abitur zu machen – wenn er wolle, könnten wir demnächst dazu einen Plan aufstellen. Und schließlich würde ich eventuell noch sagen, dass ich froh sei, dass er jetzt zu uns käme, ich bräuchte nämlich dringend einen Älteren, der diese oder jene Aufgabe übernehmen könne.

Also: Ein frühes Entgleisen *coram publico* vermeiden, dann Interesse und Verständnis zeigen, schließlich ein positives Fernziel anvisieren und dazu Unterstützung anbieten – und sofort mit einer konstruktiven Aufgabe beginnen.

Laut Hattie-Studie zeichnet sich überdurchschnittlich erfolgreicher Unterricht insbesondere durch hohe Feedbackanteile aus. Bei schneller und individueller Rückmeldung zwischen Lehrern und Schülern kann anscheinend am besten Neues gelernt werden. René Walcher, ein Schweizer Heilpädagoge, hat beschrieben, wie er das in der Einführungsklasse praktiziert. Sein Beispiel mag auf den ersten Blick altmodisch wirken, spiegelt aber genau die dichte Verschränkung von Beziehung und Anleitung wider, die die Lernforschung als effektstark erkannt hat. Es veranschaulicht wohl auch, warum regelorientierte und angeleitete Schreiblernprozesse (»moderner Fibelunterricht«) gegenüber offenen schülerzentrierten Methoden (z. B. »Rechtschreibwerkstatt«) so viel erfolgreicher sind, insbesondere bei schwächeren Lernern[25]:

> »Die Kinder notieren in ein spezielles Heft fortlaufend Sätze nach Diktat. Alle sitzen in ihren Bänken und schreiben pro Rechtschreibtraining drei Sätze auf und das normalerweise dreimal die Woche. Das geht folgendermaßen vonstatten:
> Ich sage: ›Schreibt auf: *Peter geht in den tiefen Wald.*‹ Alle Kinder versuchen den Satz zügig ins Heft zu notieren. Dieser wird langsam und deutlich vorgesprochen und je nach Bedarf wiederholt, bis alle mit Schreiben fertig sind. Zwischen den Wörtern werden deutliche Pausen eingelegt und beim Wort *geht* und *tiefen* wird die Dehnung überbetont. Wer fertig ist, meldet sich durch Handaufhalten oder ein kurzes fertig. Ich kontrolliere den Satz im Vorbeigehen und gebe ein kurzes Feedback: *Perfekt* heißt fehlerfrei, *sehr gut*

25 Vgl. Pressemitteilung der Uni Bonn vom 10.9.2018: www.uni-bonn.de/neues/237-2018 (Stand: 5.11.2019).

meint einen Fehler, *gut* zwei Fehler und ein freundliches *okay* drei oder mehr Fehler. Die Kinder sinnieren dann schon mal, wo sie Fehler gemacht haben könnten. Dann schreite ich zur Tafel und frage: Susi, hast du *Peter* groß oder klein geschrieben? Susi hat das Wort klein geschrieben, merkt jetzt aber ihren Fehler und sagt: ›Groß‹. Ich frage sie: ›Warum schreibt man *Peter* groß?‹ Das Mädchen gibt keine Antwort, aber ihre Kollegin Hanna meint: ›*Peter* kann man anfassen.‹ Mein Kommentar: ›Sehr gut. Alles, was ihr seht und anfassen könnt, schreibt man groß. Schreibt darum alle das Wort *Peter* groß.‹ Ich schreibe das Wort *Peter* richtig an die Wandtafel. Die Kinder verbessern dies im Heft falls nötig. Ich frage weiter: ›Wie habt ihr *geht* geschrieben?‹ Rolf sagt: ›Mit einem *h*.‹ Ich antworte: ›Rolf, du hast das sehr gut gemacht. Ja Kinder, das *e* kann man mit einem nachfolgenden *h* lang machen.‹ Ich notiere *geht* auch an der Wandtafel. Dann frage ich einen anderen Jungen namens John: ›John, wie hast du *geht* geschrieben?‹ Er antwortet: ›Mit zwei *ee*.‹ Ich antworte: ›Das ist an sich eine sehr gute Idee. Es gibt viele Wörter, die zwei *ee* haben wie etwa *Meer* oder *See* und da spricht man das *e* auch lange aus. Aber bei *geht* ist es halt das *h*. Das muss man einfach wissen. Macht jetzt alle beim Wort *geht* ein h rein. Übrigens Toni: Schreibt man *geht* groß oder klein?‹ Toni antwortet: ›Klein.‹ Meine Antwort: ›Genau, *geht* kann man nicht anfassen, dafür tut man es. Solche Wörter schreibt man meistens klein.‹

So geht das weiter und weiter. Es folgt Feedbackschlaufe auf Feedbackschlaufe. Ich versuche, möglichst viele Kinder einzubeziehen. Wir diskutieren über Groß- und Kleinschreibung, über Dehnungen usw. Es folgen noch zwei weitere kleine Sätze und dann müssen die Kinder ihr Heft zeigen. Fehler, die sie noch nicht korrigiert haben, werden verbessert. Die drei Sätze stehen jetzt richtig an der Tafel. Ich gebe immer noch ein kleines Feedback wie etwa: ›Du hast *Peter* immer noch klein geschrieben. Den kann man aber ganz gewiss anfassen.‹

Mit der Zeit beginnen die Kinder diese Sätze zu lieben und ich selber liebe sie auch. Ich spinne eine fortlaufende Geschichte zusammen und baue Rechtschreibschwierigkeiten nach Belieben ein. Für mich als Lehrperson ist es besonders interessant zu sehen, auf welche Lösungen die Kinder kommen. So schreibt jemand vielleicht das Wort *Wolf* klein, weil man den ja nicht anfassen sollte, und *Sonne* ebenfalls, weil man die nun wirklich nicht anfassen kann. Die Feedbacks der Kids helfen mir zu verstehen, wie sie denken, warum gewisse Fehler entstehen und wie man ihnen helfen kann, sie zu bewältigen.«[26]

Stolperstein Klassenarbeit

Gut gemeint ist nicht immer gut gelungen. Heute macht man es ja nicht mehr wie frühere Pauker, die den ›Schlechten‹ ihre Arbeit ärgerlich zuschmissen, sie den ›Guten‹ aber strahlend in die Hand drückten. Man ahnt die anstehende Enttäuschung bei den Schülern mit mangelhaften Leistungen und möchte sie nicht zusätzlich entmutigen. Gleichwohl können auch noch andere Gefühle mitspielen, die sich durch kleinste mimische Regungen mitteilen – und womöglich missverstanden werden. Der Lehrer hat vielleicht unbewusst Mitleid mit Ali – daraus könnte dieser den Schluss ziehen: »Du hältst mich sicher

26 René Walcher, »Die Feedbackhypothese. Hattie's Faktor Feedback und guter Unterricht« (2016), walcher1.magix.net/index_htm_files/die%20feedbackhypothese%20c.pdf (Stand: 19.9.2019). – Mit Genehmigung von René Walcher, Wil (Schweiz).

für den Blödesten, ich werde es eben nie schaffen.« Oder der Lehrer fürchtet insgeheim, dass Petra ob der neuerlichen Fünf ausrastet, und will sie durch betonte Neutralität besänftigen – diese aber deutet das so, ihr Versagen interessiere den Lehrer gar nicht, sie sei für ihn bedeutungslos. Selbst wenn er Charlotte ein tröstendes Lächeln schenkt, kann diese das auch als Schadenfreude interpretieren. Und beim ständig störenden Frederik mag auch ein wenig stille Genugtuung darüber im Spiel sein, dass der ›endlich mal seine Quittung‹ bekommen hat – woraufhin dieser aber womöglich denkt, der Lehrer habe ihm zu Unrecht einige Punkte entzogen, tatsächlich sei er gar nicht so schlecht.

Diese Vielfalt bedeutet keineswegs, dass es ein Ding der Unmöglichkeit sei, ein guter Lehrer zu sein. Aber je mehr man sich ihrer bewusst ist, umso weniger läuft man Gefahr, dass einen Unerwartetes kränkt – und man sich mehr oder weniger verletzend wehrt.

Alltagsgeißel ›Unterrichtsstörungen‹

Unterrichtsstörungen zählen zu den größten Belastungen des Lehrerberufes – aber auch des Schülerlebens. Immer wieder gerät man an Klassen, in denen Unruhe, Streitereien und Unkonzentriertheit das gemeinsame Lernen einschränken. Und immer öfter hat man mit Einzelnen zu tun, die die Bildungsarbeit chronisch behindern – weil sie den Lehrer ständig provozieren, weil sie die Mitarbeit verweigern, sich irgendwelche Sonderrollen verschaffen, alle Regeln ignorieren. Gerade die Beziehungsebene kann einen Schlüssel dazu liefern, wie man solche Beeinträchtigungen und Belastungen bereits im Vorfeld vermeiden und manifestere Störungen entschärfen kann.

Während ein früheres Paradigma darin bestand, bei Störungen angemessen zu strafen (Reaktion, Vergeltung), sieht man es heute als sinnvoller an, Störungen möglichst gar nicht erst aufkommen zu lassen (Aktion, Vorbeugung). Das Arbeiten mit Gruppen ist ja aus verschiedenen Gründen weitaus störanfälliger als jede Eins-zu-eins-Unterweisung: weil die Schüler auch Beziehungen miteinander haben (Gruppendynamik), weil nicht alle beim Lernen gleich erfolgreich sind (Konkurrenz), weil das Lernen bzw. die Gruppe für manche Gefahr bedeutet und sie deshalb irritiert reagieren (Projektionen/Übertragung) – nicht zuletzt übrigens auch, weil Lehrer vor Plenum empfindlicher sind.

Der amerikanische Lehrer und Unterrichtsforscher Jacob S. Kounin[27] fand bereits vor 40 Jahren heraus, dass die Klassen mit dem ungestörtesten Lernklima diejenigen sind, in denen der Lehrer eine Art Leitwolfrolle spielt. Leitwolf, das ist ja in einem Rudel derjenige, der am besten weiß, wo die guten Futterstellen sind; er spürt am ehesten, wo Fallen zu erwarten sind – und er traut sich zu knurren oder zuzuschnappen, wenn die Jungwölfe vorzeitig eigene Wege gehen möchten. Auf die Situation des Lehrers übertragen bedeutet das: Es geht darum, die Lerngruppe selbstverständlich und feinfühlig zu führen.

Das ist der beziehungsmäßige Kernaspekt von *classroom management*: Der Lehrer gestaltet einen klaren, organischen Stundenverlauf (Schwung, Struktur), er vergeudet keine Zeit (Reibungslosigkeit), er vermag verschiedene Arbeitsweisen parallel zu organisieren bzw. zu begleiten (Mehrgleisigkeit), er bekommt alles mit, was in der Klasse geschieht (Allgegenwärtigkeit), und jede seiner Handlungen oder Bemerkungen bezieht möglichst alle ein (Gruppenfokus). So bindet er ständig die Aufmerksamkeit aller – entweder an sich oder an heraus-

27 Jacob S. Kounin, *Techniken der Klassenführung*, Bern 1976, Reprint: Münster / New York 2006.

fordernde Arbeitsaufträge. Kurzum: Er ist eine selbstbewusste, gleichwohl fürsorgliche Führungsfigur, bei der man sich als Schüler aufgehoben fühlt, wenig abgelenkt ist und nach Kräften mitspielt. Er reduziert die Komplexität einer großen Gruppe latent mäandrierender Einzelwesen auf ein halbwegs miteinander sich bewegendes Ganzes.[28]

Vorbeugung also statt Vergeltung, an die Stelle der Reaktion tritt positiv-präventive Aktion. Es handelt sich dabei weniger um ein kompliziertes Set von Maßnahmen, die man auswendig lernen und dann als eine Art Gymnastikanleitung praktizieren könnte, es geht vielmehr um eine innere Leitlinie des Lehrers, durch die er Unterrichtsstörungen auf ein Minimum reduziert. Gute Struktur und klare Ansage, sinnvolle Steuerung und unaufgeregte Konsequenz, viel Miteinander – dann bleibt für Leerlauf und Nebenkriegsschauplätze wenig Raum, das dämmt Widerstände ein, reißt die Schüler einfach erst mal mit.

Diese Haltung manifestiert sich in einer Vielzahl kleinerer wie größerer Beziehungsimpulse. Manche Ministörung ignoriert man besser; in einem anderen Fall signalisiert man nur per Augenbraue, dass man etwas mitbekommt und missbilligt; manchmal hilft es auch, einen Einzelnen an seine tolle Idee von gestern oder die ganze Klasse an das gemeinsame Ziel zu erinnern. Thomas Klaffke (2013) nennt dies »deeskalierende Mini-Interventionen«. Bei höherem Störungslevel braucht es bisweilen stärkere »Maßnahmen zur Sicherung der Ordnung«; diese dürfen allerdings nicht als Strafe daherkommen, müssen unaufgeregte Konsequenz sein: die gelbe Karte zeigen, Zusatz-

28 Zusammenfassung online: studienseminar.rlp.de/fileadmin/user_upload/studienseminar.rlp.de/gy-ko/Pflichtmodule_19-21/05_Lehrerrolle_II_-_02.09.2019/02_Kounin_Ansatz_komplett.pdf (Stand: 20.9.2019). Weiterer Überblick zum Thema: www.face-freiburg.de/wp-content/uploads/2018/07/Classroom-Management-FACE-PH-Freiburg-Dez-2016-Pb.pdf (Stand: 20.9.2019).

aufgaben oder Auszeit bzw. Nacharbeit anordnen, in der Klasse umsetzen oder zeitweise in einer Parallelgruppe unterbringen, Wiedergutmachung einfordern, dem Klassenlehrer oder den Eltern berichten. Insgesamt gilt der scheinbar paradoxe Dreiklang: »Den Anfängen wehren! Nicht mit Kanonen auf Spatzen schießen! Nichts persönlich nehmen!«

Einem Missverständnis sei noch entgegengetreten: Stichworte wie »Ansage« oder »Konsequenz« bedeuten etwas anderes als kalte Strenge – gemeint ist die innere Sicherheit und Souveränität des Erwachsenen, der sich Heranwachsende in der Regel gerne anschließen. Hier wird auch keiner Friedhofsstille im Klassenraum das Wort geredet – Schüler sind schließlich keine Lernautomaten, die wartungsarm vor sich hinschnurren sollen. Sie haben ja noch ganz andere Sorgen als meine binomischen Formeln oder Fragen zur Parallelperspektive: Stress mit den Eltern am Vorabend, Streit mit dem Freund in der Pause, die hübsche Blonde oder den sportlichen Typen in der ersten Reihe, den Punkterückstand beim Onlinespiel. Selbstverständlich wird auch bei guter Klassenführung hier mal getuschelt, da mal ins Leere gestarrt, dort mal einer gestupst. Entscheidend ist das Ausmaß – anders gesagt: Wer gibt den Grundton an? Ein Gesamtschullehrer hat einmal gesagt, eine der wichtigsten Unterrichtsstörungen seien falsche Unterrichtsmethoden. Er meinte damit auch: eine unsichere Lehrerhaltung.

Gleichzeitig gilt aber auch die zunächst irritierende Mahnung des Aufklärungspädagogen Christian Gotthilf Salzmann: »Von allen Fehlern und Untugenden seiner Zöglinge muss der Erzieher den Grund [zuerst] in sich selber suchen.«[29] Ein Votum also zu steter Selbstreflexion des Lehrers, zum Erwägen eigener Einflussanteile auf die Klassendynamik.

29 Salzmann 2015, S. 7; online: gutenberg.spiegel.de/buch/ameisenbuchlein-3436/3 (Stand: 5.11.2019).

Unruheherd Lehrer

Auch die Lehrer selbst sind natürlich soziale Wesen – und tragen ihre Beziehungsbedürfnisse ins Klassenzimmer hinein. Sie ringen vielleicht unbewusst um die Anerkennung der Kinder – und scheuen sich, ihnen ein souveränes Gegenüber zu sein. Oder sie zweifeln insgeheim an der eigenen Bedeutsamkeit – und suchen sich deshalb unverzichtbar zu machen. Oder das Jammern der Schüler erinnert sie an eigene frühkindliche Überforderung – und sie sind vorschnell bereit, ihnen die Arbeit zu erleichtern.

Selbst bei bester Planung birgt jede Unterrichtsstunde eine Fülle von Situationen, in denen die unbewusste Privatlogik des Lehrers ins Spiel kommt. Von ihr hängt es ab, ob ihm Schüleräußerungen als Provokation oder nur Unsicherheit erscheinen, ob er bei Konflikten zurückweicht oder sie angeht, ob er bei Machtfragen harmonisiert oder zuspitzt, ob er Kampfangebote von Pubertierenden locker umspielt oder sich darauf einlässt. Ärger, Überempfindlichkeit, Verständnislosigkeit, eine verwöhnende oder pseudopartnerschaftliche Haltung – all dies sind Aspekte eines biografisch bedingten Musters des Erwachsenen, sich zu behaupten, eigenem Scheitern entgegenzuwirken und drohender Kränkung auszuweichen, die eigene emotionale Bilanz positiv zu halten. Wohl dem, der durch Selbstreflexion oder Supervision seine blinden Flecken kennenlernen kann, seine Reflexe aufzuweichen vermag. Sonst verstrickt er sich unweigerlich in Kämpfe, die er höchstens formal gewinnen kann – und auf lange Sicht handelt er sich ein Burnout-Risiko ein.

Peter Berger, Therapeut an der Hardtwaldklinik für psychogene Erkrankungen, hat Muster beschrieben, die – auf Dauer oder bei krisenhaften Zuspitzungen – Lehrer gesundheitlich entgleisen lassen können: wenn sie im Unterricht vor allem den großen Auftritt suchen; wenn sie soziale Nähe zu sehr fürchten; wenn ihnen Harmonie über alles geht – oder aber Kontrolle und Ordnung; wenn sie Schülern nicht zutrauen, mit Belastungen fertigzuwerden; oder wenn sie meinen, ständig Höchstleistungen liefern zu müssen.[30]

Plagegeister

Ist es erst einmal zu einem regelrechten Mobbingfall gekommen, braucht man womöglich externe Unterstützung. Im Gegensatz zum bisweilen inflationären Gebrauch dieses Begriffs meint Mobbing allerdings etwas Spezifisches: das wiederholte und regelmäßige, vorwiegend seelische Schikanieren, Quälen und Verletzen eines Einzelnen durch eine Gruppe. Typische Mobbinghandlungen sind etwa Demütigungen, Verbreitung falscher Tatsachenbehauptungen, Zuweisung sinnloser Aufgaben, Gewaltandrohung, soziale Isolation oder ständige Kritik.

Aber auch unterhalb dieses Levels kann die Stimmung in einer Klasse schlecht sein, können einzelne Schüler in einem Maße gehänselt, ausgelacht, geplagt werden, dass Lernqualität und Wohlbefinden aller leiden. Und das trotz vielfacher Ermahnungen, trotz laminierter Klassenregeln auf jedem Schülertisch und an der Wand des Lernraums. Eine Sonderpädagogin hat mir beschrieben, wie dann eine deutlichere Intervention aussehen könne.

Beim nächsten gravierenderen Vorfall beruft der Lehrer ein Klassengespräch im Kreis ein. Er fragt ernst und ohne Um-

30 Vgl. Peter Berger, *Burnout in der Psychotherapie*, Bad Zwesten 2006; online: www.wicker.de/fileadmin/user_upload/HWK_2_Hardtwaldklinik_2/Downloads/Burnout-in-der-Psychotherapie-Burnout-was-ist-das.pdf (Stand: 5.11.2019).

schweife: »Wer hat da mitgemacht? Wer hat zugesehen?« Zuerst kommen sicher ausweichende Antworten: »Ich war nicht dabei.« Damit muss man rechnen, aus Angst vor Strafe hält sich jeder erst mal bedeckt. Aber man lässt einfach nicht locker. »Hast du wirklich nichts davon gehört – oder du?« Wer dabei mitgemacht habe, solle jetzt auch den Mut aufbringen, dazu zu stehen, das sei das Mindeste. Schon bald sagt dann vielleicht einer, er sei dabei gewesen, habe aber nichts gemacht, meldet sich ein anderer, der sein Mittun halb zugibt. Der Lehrer setzt einen Wert: »Immerhin, kein Feigling.« Daraufhin melden sich noch andere, auch solche, die nur zugesehen haben. Und jetzt, wo das ›Opfer‹ Unterstützung spürt, kann es sich womöglich ein Stück weit öffnen. Etwa die anderen wissen lassen, dass es sich bereits durch seinen Spitznamen verhöhnt fühlt.

Aber jetzt darf keine Moralpredigt kommen, sonst ducken sich alle nur – und machen morgen weiter. Unsoziales Verhalten wird ja nicht selten – manchmal angstvoll – bewundert, gilt als cool. Deshalb ist jetzt wichtig, das angeblich Heldenhafte zu demaskieren, es als verkappte Schwäche zu charakterisieren – allerdings mit einer gewissen Beiläufigkeit, quasi locker nebenbei. Und im gleichen Atemzug wird direkt eine kooperative Perspektive eingefordert, klar und verbindlich.

»Also, ab heute wird in dieser Klasse niemand mehr gehänselt, runtergemacht, ausgelacht. Das kommt nicht mehr in Frage. Das ist einfach nur feige und gemein.« Und dann aufzählen, was mutig wäre: nicht zuschauen, sondern missbilligen – oder gar einschreiten. Vielleicht meldet sich irgendwann einer von den Stillen, der so was schon mal probiert hat. Dem kann man dann vor der Klasse Mut attestieren – solches Verhalten sei viel schwerer, als andere zu drangsalieren. Ein anderer wendet aber vielleicht auch ein, er wolle gar nicht mit jedem befreundet sein. »Musst du ja auch nicht – aber gut mit jedem auskommen, das geht schon, und das will ich auch bei dir sehen, gleich in der nächsten Woche!« Und man kann allen mit einem verlockenden Ziel winken: »Ihr könnt euch vermutlich gar nicht vorstellen, wie wohl man sich in einer Klasse fühlt, in der niemand ausgelacht wird, wo man sich hilft, wenn einer was nicht kann oder geplagt wird. Probiert's mal aus, Schule macht dann einfach mehr Spaß – und man lernt viel leichter.«

Oft wird es mit einem Gespräch nicht getan sein. Wichtig aber ist: Eine solche Wende braucht weder Belohnungen für Wohlverhalten noch Bestrafungen für Verfehlungen, keine lachenden oder traurigen Smileys, keinerlei komplizierte Bewertungssysteme. Die ›Täter‹ werden nicht abgewertet, wohl aber ihr unsoziales Verhalten. Und auch das nicht, ohne ihnen sofort einen Ausweg, eine Alternative zu bieten, wie sie auf bessere Art groß und mutig sein könnten. Und jeder gelungene konstruktive Schritt sollte sofort wertgeschätzt und hervorgehoben werden.

Nicht vorschnell pathologisieren!

Seltsam – da kommt ein neuer Schüler in die Klasse, aber er spricht nicht mit dem Lehrer. Auf Fragen bleibt er stumm, von sich aus sagt er auch nichts – immerhin ist er aufmerksam und lernt offenbar mit. Man erkundigt sich und erfährt, dass das schon im Kindergarten und in der vorherigen Schule so war, aber niemand kann sich das Verhalten bislang erklären, auch die Eltern nicht. Zu Hause spricht er indes normal.

Jetzt könnte man eine schulpsychologische Abklärung anstoßen – die Schule erhielte dann womöglich zusätzliche sonderpädagogische Förderstunden, Lehrkraft und Eltern vielleicht wichtige Hinweise von Experten. Der Schüler kann dabei aber auch zu einem ›Fall‹ werden, womöglich vorschnell ein psychiatrisches Etikett bekommen (z. B. Mutismus). Oft ist das genuin Pädagogische indes noch gar nicht ausgereizt – wie bei »Sascha«.[31]

Die Lehrerin nimmt ihn erst mal so, wie er sich gibt, ohne sein eigentümliches Verhalten groß zu beachten. Aber mit der Zeit sucht sie nach einer Möglichkeit, ihn doch am Unterricht zu beteiligen. Sie bittet etwa Saschas Nachbarn, diesen flüsternd um seine Meinung zum Thema zu fragen und diese weiterzugeben. Das funktioniert, ist zwar etwas umständlich, aber Sascha scheint erleichtert. Wenn die Schüler fragen, warum Sascha nicht mit der Lehrerin spreche, kann diese wahrheitsgemäß antworten: »Ich weiß es nicht, aber er wird schon seine Gründe haben. Vielleicht entschließt er sich eines Tages schon, mit mir zu reden. Aber es macht nichts, dass er im Moment nichts sagt, er lernt ja mit und beteiligt sich.«

Saschas Verhalten wird auf diese Weise nicht problematisiert, er gerät nicht zum ›Fall‹. Seine kleine Besonderheit stört ja nicht sonderlich, darf aber auch keine zu große Aufmerksamkeit bekommen. Zudem lässt die Lehrerin ihn so indirekt wissen, dass sie nicht vorschnell über ihn urteilt, seine Gefühlswelt also respektiert – signalisiert ihm aber auch, dass er sein Verhalten durchaus steuern könne. Sie baut einfach eine vertrauensvolle Beziehung zu ihm auf und zeigt ihm beim gemeinsamen Lernen, dass sie ihn mag.

Mit der Zeit kann sie ihn auch direkt ansprechen, er flüstert dann wie gewohnt seinem Nachbarn die Antwort zu. Doch irgendwann muss sie doch wissen, ob Sascha lesen kann und wie. Sie bittet ihn, zu Hause einen Text aufs Diktiergerät einzulesen. Schon am nächsten Tag kann sie ihm erfreut Echo geben – weniger darauf, dass er sein Schweigen gebrochen hat als

31 Vgl. Marita Brune, »Sascha spricht nicht«, In: *Zeit-Fragen*, Nr. 15 (2019), online: www.zeit-fragen.ch/de/ausgaben/2019/nr-15-2-juli-2019/sascha-spricht-nicht.html (Stand: 20.9.2019).

auf seine Lesekünste! Nach einigen Malen kann sie seine Stimme auch vor der Klasse abspielen, alle hören jetzt, wie gut Sascha zu lesen vermag. Und bald ergibt es sich ganz von alleine, dass Sascha einfach beginnt zu reden, zunächst mit der Lehrerin und bald auch mit den anderen Lehrkräften der Schule. Er hat den Weg in ein normales Miteinander gefunden.

Die Lehrerin hat nie erfahren, warum Sascha nicht mit Erwachsenen geredet hat. Aber sie spürte, dass bei dem Jungen eine innere Blockade bestand – und hat versucht, diese durch ein Unterstützungsangebot aufzuweichen. Sie hat das ureigene Terrain des Pädagogen genutzt – er arbeitet nicht therapeutisch, stochert auch nicht dilettantisch in der Persönlichkeit des Schülers herum, sondern wirkt über die gemeinsame Arbeit in der Klassengemeinschaft stärkend und korrigierend. Das funktioniert aber nur, wenn die Lehrkraft sich innerlich sicher ist, dass – wenn man genau hinsieht – kein Schüler grundsätzlich destruktiv orientiert ist, sondern ›nur‹ (wenn auch auf Umwegen) soziale Bedeutung erleben und beim Lernen Erfolg haben möchte.

Derlei ›Bildungswenden‹ hätten ein eigenes Buch verdient – hier muss ein Hinweis auf ein weiteres ergreifendes Beispiel genügen: Der Schulleiter und Erziehungsberater Kurt Seelmann hat in der Enzyklopädie *Psychologie des 20. Jahrhunderts* beschrieben, wie er alleine mit pädagogischen Mitteln einen als ›schwachsinnig‹ geltenden Erstklässler dazu bewegen konnte, sich auf Lernen einzulassen – und innerhalb eines Jahres zum Klassendurchschnitt aufzuschließen.[32] Solche Kompetenz könnte, ja müsste emotional orientierte Lehreraus- und -weiterbildung fördern.

32 Vgl. Dieter Eicke (Hrsg.), *Tiefenpsychologie*, Weinheim/Basel 1982 (*Psychologie des 20. Jahrhunderts*, Bd. 4).

Adorno soll gesagt haben, jede gute Lateinstunde sei besser als eine Klassenfahrt nach Rom. Das ist sicher arg zugespitzt formuliert, tatsächlich aber ist die Bilanz mancher Schulexkursion ernüchternd: gelangweiltes Ertragen irgendwelcher Museumsbesuche bei vielen Schülern, mehr oder weniger gelingende Disziplinierungsversuche auf Seiten der Lehrer.

Dabei kommen die besten Seiten der Menschen am ehesten bei sinnvoll tätigem Dasein zum Vorschein. Ich habe Klassenfahrten deshalb möglichst als Arbeitsprojekt inszeniert – natürlich nach gründlicher Vorbesprechung und Auswahl durch die Klasse: gemeinsam einen Film drehen, auf einem Bauernhof oder bei einem Förster mithelfen, einander in Kleingruppen die eigenen Hobbys vorstellen und sich vollkommen selbst verpflegen. Im Vorfeld wurde immer klargestellt, dass das nur dann Spaß mache, wenn sich jeder Schüler aktiv am jeweiligen Projekt beteilige – es gebe aber die unterschiedlichsten Bereiche, jeder könne auf seine Kosten kommen. Für gänzlich Uninteressierte bestehe indes auch die Möglichkeit, daheim zu bleiben und am regulären Unterricht der Parallelklasse teilzunehmen.

Es wäre natürlich weltfremd anzunehmen, dass Schüler von solchen Vorschlägen spontan begeistert wären. Eine Lehrerin aus der Sekundarstufe hat mir beschrieben, wie ihr Vorschlag »Arbeitseinsatz in einem Berggebiet« zunächst zu ordentlichem Protest führte: Das sei ihre letzte gemeinsame Unternehmung, wandten die Schüler ein, da wollten sie es lustig und spannend haben. Die Lehrerin äußerte Verständnis – und lenkte das Gespräch dann auf die aktuelle Wirtschaftskrise. Die meisten Schüler hatten bereits Verwandte oder Bekannte, die auf Kurzarbeit gesetzt oder schon arbeitslos waren. Die Frage sei, ob eine solche Krise auch ihr eigenes Leben betreffen könne. Zwar hätten die meisten bereits ihre Lehrstelle sicher – aber was sei danach? Es könnte passieren, dass sie arbeitslos würden – und was dann? »Dann bring ich mich um!«, war eine spontane Antwort. »Kommt gar nicht in Frage«, konterte die Lehrerin. Gerade in einer solchen Situation, wo der Lebensunterhalt nicht mehr gesichert sei, komme es darauf an, dass sie Fertigkeiten hätten, aus nichts etwas zu bauen, zu reparieren, einen Garten anzulegen. Sie müssten in der Lage sein, sich selbst zu helfen – und ihren Familien. Gemeinsam wurde überlegt, welche Fähigkeiten und Kenntnisse es dazu brauche. Die Schüler trugen zusammen, was der eine oder andere von ihnen bereits konnte: kochen, schweißen, mit Holz arbeiten, Mofas und Autos reparieren. Einer erzählte, dass er mit Schweinen umgehen und schlachten könne, das brauche man in einer solchen Situation auch. Ein anderer offenbarte, dass er gelernt habe, Hütten und Stege zu bauen, Feuer zu machen etc. Schnell wurde deutlich, was man alles zum Überleben benötigt, und wie wenige die dafür nötigen praktischen Fähigkeiten beherrschten – nicht zuletzt miteinander arbeiten können, sich organisieren, sich gegenseitig helfen. Gemeinsam wurde ein Szenario entwickelt, wie man in einer Situation ohne Geld, in großer Armut, mit Hilfe eigener Fähigkeiten und Fertigkeiten und in guter Zusammenarbeit überleben, der Hoffnungslosigkeit und Verzweiflung etwas entgegensetzen könne.

Jetzt fiel den ersten der Zusammenhang zur Klassenfahrt auf. Die Lehrerin brachte ihnen zum Ausdruck, wie wichtig es ihr sei, diese Fähigkeiten noch vor dem Schulende bei ihnen zu stärken. Dann könnten sie auch in schwierigen Zeiten ihren Mann (oder ihre Frau) stehen. Sie stellte ihnen ein verarmtes Bergtal vor, das die verbliebenen Menschen alleine nicht mehr vor Verwilderung bewahren könnten. Deshalb seien diese auf die Hilfe von Freiwilligen angewiesen, die etwa Wege und Plätze wieder freilegten, so dass das Tal bewohnbar bleibe und

Touristen anlocken würde. Wenn die Klasse dort mithelfen würde, wäre das übrigens auch eine Art Dank an das eigene Land, das ihnen ja kostenlose und gute Schulbildung gewähre. Allmählich begannen die Schüler, sich mit dem Projekt anzufreunden. »Kommt, wir machen mit, wir werden es trotz Arbeit lustig haben«, meinte der unbestrittene Anführer der Klasse. Ein Anfang war gemacht.

Fünfte Klasse, heikle Zeit

Der Wechsel in die weiterführende Schule ist für Zehnjährige nicht ohne: Die vertrauten Freunde und Lehrer der Grundschulzeit mussten aufgegeben werden, und auf einmal wird jede Stunde ein anderes Fach unterrichtet, strukturiert und anspruchsvoll – vorher gab's vielleicht hauptsächlich Wochenplanarbeit. Insbesondere beim Übergang zum Gymnasium stellt sich ein Problem, das oft unterschätzt wird: die Neupositionierung. Der Schüler muss sich nicht nur in einer neuen Gruppe orientieren, er findet sich auch leistungsmäßig nicht mehr im gewohnten Bereich wieder: Zählte er bisher zur Spitzengruppe seiner Klasse, so läuft er jetzt unter lauter Besten – zudem wird nun auch anders benotet. Eigene wie elterliche Erwartungen und Unsicherheiten stellen eine zusätzliche innere Last dar.

Ob dieser Übergang gelingt oder ein unnötiges Scheitern einläutet, hängt einerseits von Mutpotential und individuellem Bewältigungsstil des Schülers ab. Der eine macht sich an die Arbeit, stopft etwaige fachliche Lücken aus der Grundschule und stabilisiert sich nach einiger Zeit. Ein anderer ist derart verunsichert, wenn plötzlich so viele Mitschüler schneller aufzeigen als er selbst, dass er vorschnell aufgibt. Ein Dritter beginnt trotz offensichtlicher Aussichtslosigkeit zu ringen, paukt bis zum späten Abend, droht aber dennoch zu scheitern.

Aber auch die Feinfühligkeit des Lehrers spielt eine Rolle, kann in Herausforderung und Krise stärken und unterstützend wirken: der enge Kontakt zu jedem Schüler, die stetige Ermutigung aller wie auch Einzelner, sorgfältige Hilfen, beharrlich-freundliche Anforderung, seine Kenntnis bisheriger Lernerfahrungen und des Grundschulgutachtens (sollten diese aus Datenschutzgründen nicht direkt zugänglich sein, wäre es eigentlich pädagogische Pflicht, sie sich informell zu besorgen).

Und bei der ersten Klassenarbeit ist besondere Sensibilität gefragt. Da viele Schüler bisher nur Einsen und Zweien kannten, muss man ihnen unbedingt altersgemäß erklären, dass die Noten der neuen Schule auch anderes bedeuten (z. B. heißt »Drei«: »Du hast das Thema verstanden«, oder »Fünf«: »Du hast größere Lücken, aber die lassen sich füllen«) – wer in Mathe also früher eine »Zwei« hatte und jetzt eine »Drei« geschrieben habe, der habe sich nicht verschlechtert. Und wer meine, dass seine Note schlecht sei, der müsse wissen, dass die meisten Schüler bei den ersten Klassenarbeiten an einer neuen Schule aufgeregt seien und ihnen deshalb manche Flüchtigkeit unterlaufe – sie sollten sich mindestens ein halbes Jahr Zeit nehmen, um ihr angemessenes Level zu finden.

Weihnachtsfeier

In der letzten Stunde vor den Weihnachtsferien will verständlicherweise kaum jemand mehr arbeiten. »Erst mal zusammen frühstücken!«, heißt es oft übereinstimmend. Und danach? »Noch mal frühstücken – oder Film gucken!«, ruft jemand. In vielen Klassen hat sich auch die Gewohnheit herausgebildet, dass man sich gegenseitig beschenkt – man wichtelt. Allerdings führen diese Geschenke nicht selten zu trüben Mienen bei den Beschenkten – man vergleicht sich, nicht alles wurde mit Bedacht ausgesucht, mancher hat nur schnell irgendetwas gekauft.

Die »Weihnachtsfeier« könnte auch ein Ort sein, der mehr als einen Haufen Chipstüten und eher lästige Präsente hinterlässt. Zum Beispiel das tolle Gefühl, gemeinsam etwas Gutes zu tun. Bei meiner Klasse sah das so aus, dass wir nach gemeinsamem Frühstück einen spannenden Film angesehen haben, in dem Kinder vorkamen, die es nicht so gut haben wie wir – in Kriegsgebieten, in Armutsländern. Danach bin ich mit ihnen aus dem Klassenraum gegangen, irgendwohin ins Düstere, ins regnerische Freie oder in den Keller. Dort haben wir uns um eine große Kerze versammelt, und ich habe allen einen Becher selbstgebrühten Wintertee ausgeschenkt. Und dann bin ich mit einer Mütze herumgegangen und habe für ein Kinderhilfe-Projekt gesammelt. Anfangs hatte ich das Ganze natürlich vorher angekündigt, sonst hätten einige vielleicht kein Geld dabeigehabt. Oft kam ein dreistelliger Betrag zusammen – den habe ich aus eigener Tasche verdoppelt, das Ganze überwiesen und später eine Großkopie des Bankformulars in der Klasse ausgehängt. Manchmal gab's auch einen kleinen Bericht darüber in der Schülerzeitung oder auf der Schulhomepage – formuliert vom Schriftstellernachwuchs der Klasse, als Anregung für andere.

Einmischen bei Cybermobbing?

Die neuen »Kommunikationsplattformen« sind ja nicht zuletzt ein Tummelplatz für niveauarmen Unsinn und gegenseitige Beleidigungen. Klar, dass sich das bis in den Unterricht hinein auswirkt – und damit auch der Lehrer gefragt ist. Einmal stand morgens um fünf vor acht eine Achtklässlerin samt Mutter vor mir, in der Hand einen ellenlangen Ausdruck mit digitalem

Gruppengerede, darin drastische Schmähungen über dieses Mädchen. Ein Klassenkamerad fand sie wohl attraktiv – oder war eifersüchtig auf sie – und hatte anonym, aber für sie erkennbar, ordentlich über sie gelästert. Nun sollte man nicht bei jeder kleinen Beschimpfung unter Heranwachsenden von Mobbing reden oder zum Anwalt laufen. Aber das hier ging eindeutig zu weit. Ich habe zunächst scheinbar unbeschwert mit dem Unterricht begonnen; in einer Stillarbeitsphase bat ich dann den Betreffenden beiläufig auf den Flur, konfrontierte ihn knapp mit seiner Tat, ließ mir sein überraschtes Eingeständnis bezeugen – und setzte seine Teilnahme an der bevorstehenden Klassenfahrt kurzerhand zur Bewährung aus.

Tätern gegenüber zählt vor allem die Tat, das entschiedene Entgegenstellen – und nicht unnötiges Erklären oder Debattieren. Sie wissen selbst haargenau, dass ihr Handeln nicht in Ordnung ist. Aber sie müssen einen Erwachsenen spüren, der bei allem grundsätzlichen Wohlwollen ihre Verfehlung klar ahndet, der Besserung und vielleicht auch Wiedergutmachung einfordert – und der dies auch kontrolliert. Wie sagte Royston Maldoom im Tanzprojekt *Rhythm is it!*, gegen alle antipädagogische Aufweichung: »Zunächst muss die Disziplin von außen kommen, und dann wird sie allmählich zur inneren Instanz, zur Selbstdisziplin.«

Aber es geht nicht nur um die Täter, es geht auch um die anderen: um Gaffer, Mitläufer, potentielle Nachahmer, die ängstlich bis indifferent schweigende Mehrheit – und um das jeweilige Opfer. Eine Schulklasse – etwa in der Pubertät – ist ein hochkomplexes Beziehungssystem, in dem es ständig brodelt: A ist verliebt in B, C ärgert sich über die Noten von D, E möchte F seine Clique abspenstig machen, F einfach den Macker spielen. Da lauern immer wieder unsoziale Turbulenzen, sie binden einen Großteil der Energie, die eigentlich fürs Lernen gebraucht würde. Also muss man oft auch die Klasse als ganze

Gruppe einbeziehen und versuchen, ihr eine sozialere, sie ja auch beruhigende Sichtweise nahezulegen.

Am nächsten Tag habe ich also im zweiten Teil der Mathestunde ein Gespräch angezettelt. Was man eigentlich mache, wenn die Gruppe so zusammenstehe und einer beginne, über einen anderen zu lästern? In das Gerede einstimmen; oder gespannt abwarten, ob es jetzt gleich eine Prügelei gibt; oder Angst kriegen und so tun, als habe man nichts gehört? Und dann musste ich geschickt Regie führen, also nicht allzu direktiv, aber auch nicht positionslos die Schüler konstruktive Perspektiven finden lassen. Dabei auch einfließen zu lassen, dass die Vernünftigen ja meist in der Mehrheit seien, nur so oft den Mund hielten. Und dass andererseits Menschen, die einem nicht helfen, einem auch als Freunde gestohlen bleiben können.

Sei *social media* nicht manchmal wie Herumlungern an der Ecke und die Zeit mit Geschwätz totschlagen? Nur mit dem Unterschied, dass jede abfällige Bemerkung gespeichert wird – und dann über längere Zeit Schaden zufügt. Wie schnell schaukele sich da etwas hoch – und plötzlich habe man eine Anzeige am Hals. Außerdem gebe es immer Schüler, die uns Lehrer über solche Hetzereien informieren. Ich jedenfalls würde solche Feindseligkeiten nicht dulden, das sollten sie nur wissen.

Derartige Klassengespräche erfordern natürlich Fingerspitzengefühl – und keineswegs gelingt dabei stets jeder Handgriff. Aber deshalb darf man das Ruder nicht vorzeitig aus der Hand geben. Gute Lehrer sind wie Kapitäne, ihr Metier sollte nicht nur Meereskundigkeit sein, sondern auch Mannschaftsführung.

Ach ja, ich habe dann noch allen Eltern einen Brief geschrieben; ob sie sich nicht regelmäßig darüber informieren möchten, was ihr Kind im Netz so alles treibt – letztlich seien nämlich sie für die Folgen mitverantwortlich. Später habe ich dann erfahren, dass einige ihr Kind bei Whatsapp abgemeldet haben, andere hatten das Smartphone erst einmal durch ein einfaches Handy ersetzt. Auch wenn es paradox klingt: Manch neue Freiheit erfordert neue Beschränkungen, weil viele Heranwachsende ohne Hilfestellung überfordert sind. Und weil alles medienkritische Erörtern und Mahnen im sozialen Sog der Peergroup allzu schnell untergeht.[33]

Schulabsenz

In der Pubertät wird die Lernlust labiler – nicht wenige Jugendliche fangen dann an, dem Unterricht gelegentlich fernzubleiben, oder sie verweigern den Schulbesuch gar ganz. Die Gründe dafür können ganz unterschiedlich sein: Man wird oder fühlt sich gemobbt, die Clique zieht einen runter, in der Familie brodelt ein Konflikt. Mancher Jugendliche sieht keine berufliche Perspektive, ein anderer ist vielleicht ›nur‹ anhaltend überfordert oder umgekehrt gelangweilt – und ein Dritter nimmt sich ganz einfach seine kleine Auszeit, möchte ungestört am häuslichen PC surfen und spielen.

Schulschwänzen – oder fachsprachlich: Schulabsentismus – ist einerseits ein institutionelles Problem – es drohen Ordnungsmaßnahmen bis hin zum Zwangsgeld. Aber dabei handelt es sich lediglich um den äußeren Rahmen, nicht um eine innere Lösung. Bei dieser aber wäre der Lehrer gefragt, auf der Beziehungsebene: Bemerkt er den Beginn der ›Schwänzkarriere‹, die ersten unentschuldigten Fehlstunden überhaupt? Nimmt er frühzeitig mit den Eltern Kontakt auf? Sucht er mit dem Schüler frühzeitig das Gespräch – aber nicht primär tadelnd, sondern erkundigend, mit ihm abwägend, ihn unter-

33 Wichtiges Arbeitsmittel dazu: Françoise Alsaker, *Mutig gegen Mobbing in Kindergarten und Schule*, Bern [u. a.] 2012. Übersicht online: www.socialnet.de/rezensionen/13135.php (Stand: 9.12.2019).

stützend, sei es durch Lernangebote oder durch Kontrolle? Denn das ist jetzt das Wesentliche: dass sich nichts Ungünstiges einschleift, dass man wieder miteinander ins Gespräch kommt – über das Schwänzen, über etwaige Schulprobleme, vielleicht gar über den Sinn des Lebens – und gemeinsam Möglichkeiten auslotet, wie es weitergehen kann.

Schulverweigerung ist letztlich eine Art Notlösung, eine Revolte, ein Hilferuf – aus vermeintlicher Ausweglosigkeit. Die Zwickmühle bei diesem Problem: Ab einem gewissen Alter wird es schwierig, Jugendliche zu etwas zu zwingen – auch wenn's um Wichtiges geht. Allerdings kann man etwas dafür tun, dass sie selbst zu einer vernünftigeren Entscheidung kommen. Etwa, dass ein Lehrer bereit und in der Lage ist, den Entmutigten eine Zeitlang besonders unter seine Fittiche zu nehmen. Der würde ihm in Ruhe seine Stärken sowie berufliche Perspektiven vor Augen führen; der könnte ihm auch eine Zeitlang besondere Hilfen anbieten, etwa tägliche Durchsicht seiner Hausaufgaben oder gelegentliche Lerngespräche.

Manches Problem überschreitet aber auch die Möglichkeiten eines Lehrers. Dann muss man den Eltern raten, Unterstützung bei externen Experten zu suchen, etwa in einer kinderpsychiatrischen Ambulanz.

Last not least: Elternarbeit

Auch wenn sie gar nicht im Klassenraum anwesend sind: Mütter und Väter haben in vielfältiger Weise mit meinem Unterricht zu tun. Zum einen beeinflusst es meine Schüler ja direkt, wie die Eltern ihre Schilderungen aus meinem Unterricht kommentieren oder auf Noten der Kinder reagieren. Zum anderen hat die Art, wie sich jeder Schüler beim Lernen und innerhalb der Klasse verhält, sehr viel mit seinen familiären Beziehungserfahrungen zu tun. Elternarbeit ist deshalb eigentlich keine Mehrarbeit (und muss schon gar kein Kampf sein), sondern kann sich als förmliche Fundgrube erweisen, womöglich gar als Fankurve.

Fundgrube

Eigentlich könnte man der Begegnung mit Eltern eine geradezu egoistische Seite abgewinnen. Sie geben einem nämlich oft in einer Weise Anerkennung für die eigene pädagogische Arbeit, die man aus Schüler- oder Schulleitermund eher vermisst. »Der Thomas findet ja, dass Sie sehr gut erklären können«, bekam ich dann etwa zu hören, oder »Ayse kann sich viel besser konzentrieren, wenn einer den Laden im Griff hat«.

Sodann entreißt jedes Elterngespräch den betreffenden Schüler der latenten Anonymität des Großbetriebs. Im Laufe eines Schultages habe ich ja manchmal mit 180 verschiedenen Kindern zu tun – wenn ich nun erfahre, wie dieser Max, diese Selma sich zu Hause bewegen, welche Hobbys sie haben, welche Probleme sie beschäftigen, heben sie sich für mich plötzlich von der Masse der anderen ab; jetzt sehe ich diese Kinder schärfer, kann individueller auf sie eingehen und ihnen so ein Stück weit gerechter werden.

Eltern sind für mich auch unentbehrliche Diagnosehelfer. Je genauer ich das familiäre Klima vor Augen habe, in dem mein ›Zappelphilipp‹ seine heutige Lernhaltung und seinen Kontaktstil entwickelt hat, umso treffender kann ich seine Schwierigkeiten mit schulischer Anforderung und Konkurrenz deuten und ihm bei Überwindung behilflich sein. Nicht selten fällt es mir wie Schuppen von den Augen: So prahlerisch, wie Hannes sich immer in der Gruppenarbeit benimmt – bei den ehrgeizigen Geschwistern und den ständig gehetzten Eltern ist eigentlich klar, dass der Sohn zwanghaft beweisen muss, dass er auch einiges zu bieten hat! Oder Hanna: So patzig, wie sie stets die Fragen des Lehrers kontert – bei dem latent unzufriedenen, ja zynischen Vater kein Wunder, wenn die Tochter nur mit Abweisung, ja Demütigung rechnet.

Lehrer-Eltern-Gespräche können also spannende Forschungsreisen in familiäre Klimazonen sein. Man erfährt natürlich am meisten, wenn man bei heiklen Schilderungen nicht innerlich die Augen verdreht oder offene Missbilligung spüren lässt. Eltern sind mindestens ebenso empfindlich wie wir Lehrer: Sie »arbeiten« auf einer sehr persönlichen Ebene mit ihrem Nachwuchs, ihrem Schatz, ihrem ganzen Stolz! Statt schneller Besserwisserei geht es zunächst um Einfühlung und Respekt. Weiß ich nicht selbst, wie schwer es ist, 30 pubertierende Rabauken mit halbwegs passablem Lernzuwachs durch eine Mathestunde zu schleusen?

Mitspieler

Verständnis wäre allerdings nur die halbe Miete. Oft sind Anstöße zu einer günstigeren Erziehungshaltung vonnöten, die auch die schulische Arbeit erleichtern. Eine große Störquelle ist etwa die elterliche Verwöhnung – die Neigung, Belastungen der Kinder unnötig abzuschwächen, ihrem Jammern vorschnell recht zu geben. Denn dabei unterschätzt man Kinder, und das schwächt sie. Tatsächlich brauchen sie Impulse à la »Erfolg fällt einem nicht in den Schoß, aber man kann ihn sich holen!«. Das Beste, was eine gute Fee einem Kind in die Wiege legen könne, seien Schwierigkeiten, die es überwinden kann, hat der Individualpsychologe Alfred Adler einmal gesagt.

Von gegenteiligem Übel sind übersteigerte Erwartungen. Kinder können förmlich aufblühen, wenn der Lehrer den Eltern feinfühlig klarmachen kann, dass das Kind ihre Ansprüche durchaus aufgenommen habe, diesen aber leichter folgen werde, wenn sie nicht ständig mit Kritik und Zweifel nachkarten, sondern auch kleinen Fortschritten Anerkennung zollen würden. In anderen Fällen konnte ich den Druck dadurch mildern, dass ich der elterlichen Sorge recht gab – im gleichen Atemzug aber für den Gedanken warb, dass die Dinge in diesem Fall ein wenig anders lägen, dass dieses Kind einen anderen, ebenfalls vielversprechenden Weg ins Leben gewählt habe. Vielen Eltern hilft es auch, wenn man sie daran erinnert, dass der Entwicklungsstand von gleichaltrigen gesunden Kindern enorm auseinanderliegen kann, ohne dass dies etwas über seine grundsätzliche Eignung aussagt.

Ein weiteres Thema könnte der verbreitete Mangel an ruhiger Elternzeit sein. Familiärer Rückhalt ist auch für ältere Schüler extrem wichtig, gilt es doch ständig Ungewohntes und Schwieriges zu bewältigen. Junge Menschen entwickeln umso mehr Neugier und Belastungsfähigkeit, je sicherer sie sich bei ihren Bezugspersonen aufgehoben fühlen. Bei vielen Kindern mit Lernstörungen scheinen aber ihre Eltern selbst unter »familiären Konzentrationsstörungen« zu leiden. Manch »hyperaktives« Kind ist gar nicht krank, schon gar nicht fehlt ihm irgendeine Arznei – oft aber genügend sichernde elterliche Beziehung.

Schließlich: Gespräche über die weitere Schullaufbahn. Der fruchtbarste Ansporn für ein Kind ist längst nicht immer die anspruchsvollste Schulform. Ein Wechsel etwa vom Gymnasium zu einer »niedrigeren« Schulform mag zwar im ersten Moment mit Enttäuschung einhergehen, muss aber keineswegs die Katastrophe sein, als die er gern hingestellt wird. Wer auf absehbare Zeit überfordert ist, wer über Jahre als fünftes Rad am Wagen mitläuft, durchläuft die Pubertät doch weitaus frustrierter, als wenn er bei moderaterer Anforderung in die Spitzengruppe seiner Klasse geriete. Und vielleicht tut es manchem nur gut, wenn er das Bücherlernen bald mit der Berufswelt tauscht. Abitur kann man später immer noch machen, auf über 50 Wegen – in reiferem Alter fällt das vielleicht sogar leichter.

Und dann sind da noch die Elternabende. Sie machen nicht wenigen Lehrer unterschwellig Angst – Einmischung, Kritik oder Widerspruch drohen, und das auf offener Bühne. Man versteckt sich dann schnell hinter formalen Punkten oder ellenlangen Übersichten über die anstehenden Fachinhalte. Dabei gerät das Verständnis für die elterliche Sorge schnell ins Hintertreffen. Denn auch Eltern haben gemischte Gefühle, wenn sie die Schule aufsuchen: Sie wollen für ihr Kind das Beste, können die Lage aber weder recht beurteilen noch gezielt beeinflussen, fühlen sich dem Lehrer meist unterlegen.

Ich nutze Elternabende gerne offensiv, als Forum für meine pädagogischen Ziele – über Fachinhalte kann ja ein Übersichtspapier informieren. Wenn einzelne Mütter oder Väter über unangemessene Anforderungen oder ungerechte Lehrer klagen, nehme ich das etwa als Anlass, ein öffentliches Hohelied der Anstrengung anzustimmen. Ich nehme erst gar nicht eine Opferperspektive ein, sondern besetze die Täterrolle. Ich setze Themen auf die Tagesordnung, bei denen ich die Eltern ermuntern oder aufklären möchte: Wie sie das Lernen zu Hause mit der 3-Z-Regel unterstützen können (viel zuhören, viel zutrauen, viel zumuten); warum Hausaufgaben, Belastungen und Enttäuschungen wichtig sind und wie Eltern damit umgehen sollen; dass Schulerfolg und die PC-Nutzungsquote im Kinderzimmer umgekehrt proportional zusammenhängen; wie lernhemmend sich die verbreitete Unterhaltungsgewalt in den Jugendmedien auswirkt.

Externe Experten lade ich nur ein, wenn mir deren Standpunkt »sauber« erscheint, oft mache ich mich aber auch eigenständig schlau und referiere selbst. Mein Ziel dabei ist immer, Eltern in ihrem ureigensten Wirkungsbereich zu stärken. Und sie dabei immer wieder an die drei Grundbedürfnisse von Kindern zu erinnern, die der amerikanische Kinderpsychologe Bruno Bettelheim in seinem Buch *Liebe allein genügt nicht* in die schlichte Formel gefasst hat:

- Du bist beim Lernen nicht allein.
- Du kannst in der Welt viel Faszinierendes entdecken.
- Du kannst unangenehme Situationen aushalten.

Beziehungsförderliche Schulpolitik

Ist es nicht erstaunlich, ja faszinierend, wie vielfältig und tiefreichend die Einflussfacetten der Lehrperson sind? Sicherheit geben, Anregung bieten, Brücken bauen, Hilfen arrangieren, Störungen entschärfen – das ist das Spektrum bindungsbasierter Bildungsarbeit. Sollten Schulreformen also den Beziehungsaspekt nicht mit Vorrang behandeln?

Tatsächlich passiert streckenweise das Gegenteil. So führt der eklatante Mangel an Lehrkräften, diese kultusministerielle Todsünde höchsten Grades, doch dazu, dass zunehmend nur noch eine unterrichtliche Notversorgung gewährleistet ist. In überfüllten Klassen oder mit Feuerwehrlehrkräften sinkt aber die Möglichkeit, den Schülern verlässliche und feinfühlige Bindungen anzubieten.

Auch manche Schulstrukturreform kann vor dem Maßstab der Beziehungsqualität schwerlich bestehen. So ist die verbreitete Hoffnung, durch längeres gemeinsames Lernen mehr Chancengerechtigkeit zu realisieren, trügerisch. Die Lehrer müssen in integrierten Klassen ja gleichzeitig auf verschiedenen Niveaus unterrichten (durch unterschiedliche Arbeitsaufträge) oder die Klasse phasenweise in separate Niveaugruppen splitten. In beiden Fällen wird aber das gemeinsame Unterrichtsgespräch deutlich schwieriger, wird die Kontinuität der pädagogischen Beziehung geschwächt. Zudem sind die Leistungsunterschiede ja nicht aufgehoben, sondern werden womöglich stärker erlebt als in Klassen des gegliederten Systems.

Die Folge einer solchen Aufweichung des Klassenverbands wertet der Pädagoge und Publizist Rainer Werner als sozialen Kulturbruch: »Die Klasse ist für die Schüler nicht nur Lernort, sie ist auch Ort der sozialen Auseinandersetzung, der Selbstbehauptung und Rollenerprobung. [...] Diesen Ort preiszugeben, ist eine pädagogische Ursünde, weil sie den Kindern einen wichtigen Schonraum raubt und sie als Einzelwesen auf sich selbst zurückwirft.«[34] Die »Propheten der sozialen Gerechtigkeit« säßen einem Trugschluss auf – sie würden Strukturmerkmale mit Entwicklungsfakten verwechseln. In moderat homogenen Lerngruppen könne man nicht nur am effektivsten unterrichten, auch die Schüler würden sich inmitten ähnlich leistungsstarker Kameraden am wohlsten fühlen. Sie seien dort weder zu stark mit »Überfliegern« konfrontiert, deren Geistesblitze sie schnell als Demütigung empfänden, noch mit »Nachzüglern«, auf die man immer nur warten müsse.

Die strukturierte Wissenserarbeitung mit einem gemäßigt heterogenen »Haufen« von Schülern – gerne mit dem Schmähbegriff Frontalunterricht belegt – ist jedenfalls laut Unterrichtsforschung (Hattie 2013) keineswegs ein alter Hut, sondern eher ein lernpsychologischer Hit. Unterrichtsverfahren wie direkte Instruktion (0,59) oder Klassendiskussionen (0,82) erzielen in der Hattie-Studie attraktiv hohe Werte, während Individualisierung (0,21) oder Freiarbeit (0,04) höchst bescheiden abschneiden.

34 Rainer Werner, »Den Klassenverband preiszugeben, ist eine pädagogische Ursünde«, in: *Welt*, 13. März 2018. Online: www.welt.de/debatte/kommentare/plus174510384/Bildung-Schueler-brauchen-ihre-Klasse-als-Heimat.html (Stand: 20.9.2019).

Bonus-Track: Schwierige Schüler – Sargnagel oder Krönung?

Und was ist mit denjenigen Schülern, die dem Lehrer Tag für Tag das Leben schwermachen – den chronischen ›Klassenclowns‹, ›Faulpelzen‹ und ›Saboteuren‹? Oder den in aller Stille Entmutigten, die das Arbeiten zwar kaum stören, ein unterstützendes Eingreifen aber bitter nötig hätten? In den letzten Jahren haben sich ja Begriffe wie »verhaltensoriginell« oder »herausfordernd« etabliert – indes hilft der vordergründige Wohlklang der Worte weder den Kindern beim Lernen noch dem Pädagogen bei der Klassenführung.

Der Lehrer Alfons Simon[35] beschreibt den Fall des Sechstklässlers Max, der ihn in den 1950er Jahren schnell an seine Grenzen führte. Er stiftete überall Unruhe und Streit, bekam Wutanfälle, zerstörte Materialien seiner Mitschüler. Weder mit Gesprächen noch Mahnungen oder Drohungen war ihm beizukommen, und spätestens nach einem brutalen Angriff auf eine Dreijährige sah der Novize sein Konzept der Güte gescheitert. Aber auch der Griff zum Rohrstock hinterließ nicht mehr als mörderisches Geschrei.

Der hinzugerufene Schulberater empfahl herauszufinden, warum dieses Kind derart große Nachteile für sich selbst in Kauf nehme, ja geradezu herausfordere. Der Lehrer ermittelte durch sorgfältige Recherche, dass Max als ungeliebtes Kind aus einer gescheiterten Ehe stammte, dass seine Mutter ihn zeitweise weggegeben hatte, dass er später neben einem jüngeren Bruder großwerden musste, den die Mutter symbiotisch liebte. Er begann zu erahnen, dass Max die Welt so kennengelernt

35 Alfons Simon, *Verstehen und Helfen*, München 1950, Neuausg.: Meilen 2015. Online: docplayer.org/130902787-Alfons-simon-verstehen-und-helfen.html (Stand: 9.12.2019).

haben musste, dass er der letzte Dreck für andere sei – und dass er sich nur schadlos halten, zumindest ein wenig Befriedigung erlangen könne, wenn er sich für die erlittene Unbill bei anderen rächte.

Allzu oft verkennen Lehrer die tatsächlichen Ziele ihrer Schüler – und reagieren deshalb unangemessen. Wie schnell denkt man: »Der will eben nicht« – und missdeutet so die scheinbare Arbeitsverweigerung als renitente Faulheit statt als Vorbeugung gegen befürchtetes Versagen. Wie oft glaubt man: »Der will mir was« – und begreift damit den unterrichtlichen Konflikt als Angriff, statt als Hilferuf oder Ablenkung (Ausweichen auf einen Nebenkriegsschauplatz). Wie leicht denkt man: »Der kann eben nicht mehr« – und interpretiert damit eine Entmutigungsphase vorschnell als »Ende der Fahnenstange«. Aus derlei Missverständnissen entstehen dann Teufelskreise: Der Lehrer reagiert konfrontativ, das aber bestätigt das irrige kindliche Selbstbild nur – die Angst zu versagen steigt, die Sorge übersehen zu werden wächst, die Furcht unterdrückt zu werden verfestigt sich – das ungünstige Verhalten wird verstärkt statt geändert.

Nimmt man dagegen eine individualpsychologische Perspektive (vgl. Kapitel 2, S. 20) ein, rückt eine nachhaltigere Entschärfung, ja Auflösung des Dauerkonflikts näher. Interessant an Problemschülern ist ja, dass sie sich scheinbar gegen ihre Interessen verhalten – sie nerven den Lehrer, sie kämpfen mit ihm, sie verletzen ihn oder andere. Deshalb neigt man spontan auch dazu, sich ihnen entgegenzustellen – man möchte sie auf direkte Weise von ihrem ungünstigen Weg abbringen. Man schimpft, man hält dagegen, man straft – aber das lässt die Angelegenheit oft eskalieren. Alfred Adler verdanken wir die Einsicht, dass sich dieser *circulus vitiosus* durchbrechen lässt, wenn einem klar wird, dass das Störende aus Schülersicht durchaus Sinn macht. Wer sich permanent in den Mittelpunkt stellt, mag gleichwohl den Ärger des Lehrers verbuchen – als negative Aufmerksamkeit; wer dauernd andere ablenkt oder plagt, dämpft immerhin deren Erfolg – und erlebt die eigene Schwäche dadurch nicht ganz so gravierend; wer regelmäßig Ansprüche des Lehrers bekämpft, kann vielleicht die eine oder andere Ermäßigung aushandeln oder steigert sein Ansehen bei den Peers. Und wer im Klassenverband nur stillhält, sich quasi unsichtbar macht, dem mag zwar Aufmerksamkeit und Unterstützung entgehen – aber dafür kommt auch das innerlich befürchtete Ungenügen nicht ans Tageslicht.

> »Der böse Wille ist niemals der Beginn, immer die Folge der Entmutigung. Wir haben keinen Anlaß, diesem bösen Willen zu zürnen, es ist ein letztes Aufraffen, wenigstens auf der schlechten, unnützen Seite des Lebens sich irgendwie hervorzutun, sich unangenehm bemerkbar zu machen. Die Lehrer sollen niemals mit Kindern kämpfen, nur untersuchen und nachdenken, und die Fehler im Aufbau des Lebensstils aufdecken.«[36]

Problemschüler sind nicht grundsätzlich anders als der Rest der Klasse, nichts wäre ihnen lieber als soziale Beachtung und sachliche Kompetenz. Allerdings verfolgen sie diese Ziele auf ungünstige, irritierte Weise – und das äußerst beharrlich, weil automatisiert: Sie ringen nervös um Aufmerksamkeit, sie sträuben sich übertrieben gegen das Ruder des Lehrers, sie möchten sich für vermeintliche Benachteiligung rächen oder erhoffen sich Entlastung. Das tun sie nicht absichtlich, quasi aus Bosheit, sondern weil sie es vor der Schule so gelernt haben – man kann es begreifen als clevere, weil im familiären

36 Alfred Adler, *Individualpsychologie in der Schule* [1929], Frankfurt a. M. ⁷1996, S. 51.

Rahmen früher sinnvolle und dort erworbene Strategie entmutigter Kinder, ihr Minderwertigkeitsgefühl auszugleichen. Fallen Erwachsene darauf herein und reagieren ärgerlich oder ängstlich, wird daraus schnell ein Teufelskreis. Wenn aber Lehrer diese kompensatorische Dynamik zu durchschauen vermögen, können sie solche Nebenkriegsschauplätze umgehen und auch »harten Jungs« wirksam aus ihrer – letztlich ja unverschuldeten – Patsche heraushelfen.

In Max' Fall richtete der Lehrer zunächst eine Schonzeit für den Jungen ein – er stellte kaum Anforderungen an ihn, kratzte also nicht weiter an seinem Minderwertigkeitsgefühl. Sodann bot er ihm die (damals höchst ehrenvolle) Aufgabe an, täglich das Rad des Lehrers in den Keller zu bringen und wieder herauszuholen. Schließlich begann er, behutsam Max' Stofflücken zu füllen – in einigen Pausen oder nach dem Unterricht. Und als Max einmal länger ins Krankenhaus musste, gelang es ihm, die Klasse als Überbrückungshelfer zu gewinnen: Abwechselnd berichteten sie Max vom Unterricht und den Aufgaben. Gleichzeitig versuchte der Lehrer, das Herz der Mutter auch für diesen Sohn zu erweichen. Nach etwa einem Jahr hatte sich Max so weit beruhigt und gefestigt, dass er probeweise in die nächste Klasse aufrücken konnte.

Max ist weder mit Reflexionsbogen überfordert noch mit Smileys bestochen worden – und es wurde auch keine zeitfressende, womöglich frontenverhärtende Disziplinarkonferenz einberufen. Stattdessen lernte sein Lehrer, das provokante Verhalten tiefenpsychologisch einzuschätzen – nämlich als nicht böse, sondern nachvollziehbar zielstrebig. Er wagte es auch, trotz Max' starker Affekte an den richtigen Stellen fürsorglich zu reagieren – nur so vermochte der Junge von seinem bisherigen Muster abzulassen und sich sinnvoller als gewohnt zu verhalten. Über längere Zeit und mit steigender Anforderung konnte sich dann ein neues Bewältigungsmuster einschleifen – nicht per Belohnung oder Strafe, sondern durch psychologische Deutung, pädagogische Führung und soziale Gewöhnung.

Rudolf Dreikurs (Dreikurs [4]2018) hat gezeigt, dass sich viele störende Verhaltensweisen auf vier Arten falscher innerer Ziele zurückführen lassen: dass ein Schüler

- übertrieben viel Aufmerksamkeit suche (Ziel der Beachtung),
- danach strebe, die Oberhand zu erringen (Ziel der Macht),
- (vermeintlich) erlittenes Unrecht heimzahle (Ziel der Rache) oder
- sich wegen vermuteter Unzulänglichkeit reglos stelle (Ziel der Unfähigkeit).

Diese Zielsystematik sollte man nicht allzu eng anwenden; sie stellt aber eine hilfreiche Grundorientierung dar, Verhaltensweisen nicht nur kausal, sondern auch final aufzufassen – und damit wohlwollend durchschauen zu können.

Während traditionell ›Dummheit‹, ›Faulheit‹ oder ›Aufsässigkeit‹ spontan als Störung erlebt und dann bekämpft wurden, fasst der individualpsychologische Blick sie zunächst als Symptom, als Ausdruck eines Sicherungsmusters auf – und versteht sie damit als subjektive Lösung des Individuums. Erst so wird die Problemlage für eine abschwächende, gar auflösende Intervention durch den Lehrer überhaupt zugänglich – nicht qua Autorität oder gar Angst, sondern durch Ermutigung und Zielmodifikation. Solcher Wechsel der Perspektive bedeutet einen Abschied vom Schuldprinzip, von Rezeptbörsen, von Beschämung und Strafe – stattdessen kommen Einfühlung und Durchblick zur Geltung, Zielaufdeckung und Energieumlenkung sowie Anerkennung und Kooperation, Zutrauen und Präsenz.

Und wie lassen sich nun solche inneren Ziele erkennen?[37] Je mehr man über einen Schüler weiß, umso eher drängt sich einem dazu eine Hypothese auf, kann man – wie Adler sagte – »aus zwei Punkten eine Gerade bilden«. Ein hilfreiches Indiz ist das spontane Gefühl des Lehrers: Wird der Schüler einem schnell lästig, müssen wir uns dauernd ärgern oder ermahnen, so will er übertriebene Aufmerksamkeit. Fühlen wir uns persönlich herausgefordert, sucht er den Machtkampf. Fühlen wir uns verletzt oder gemein behandelt, so zielt sein Verhalten auf Vergeltung. Sind wir aber verzweifelt und wissen nicht weiter, so könnte ein Unzulänglichkeitsgebaren des Kindes vorliegen. Auch die Reaktion des Schülers auf eine Anweisung oder Ermahnung des Lehrers kann ein interessantes Indiz für innere Verfasstheit sein. Jemand, der dauernd trödelt, will vermehrte Aufmerksamkeit; weicht er aus, so geht es ihm ums Bestimmen; widersetzt er sich aktiv, dann ist ein Rachemotiv im Spiel; oder er erduldet eben alles passiv.

Sachgerechte Einfühlung und schrittweise Ermutigung sind also wichtige Schlüssel zu effektiver Störungsdiagnostik und -intervention. Sie wirken indes nur bei Lehrpersonen, die ›herausfordernde‹ Schüler interessant finden statt lästig, die einen schwierigen Fall als Krönung ihrer Arbeit ansehen – und nicht als Sargnagel. Wer einer negativen Bildungskarriere eine Wende geben möchte, braucht neben dem kausalen Blick (Welche Ursache könnte das Problemverhalten haben? Was hat ein Kind an Entmutigung erlebt?) eine finale Interpretation (Welchen Sinn könnte sein Verhalten haben? Was bezweckt es damit wohl?) – erst dann versteht er es richtig (»An seiner Stelle hätte ich auch so gehandelt!«) und kann neue, zu ihm passende Entwicklungsimpulse setzen, kann ihn zum Aufstehen bewe-

37 Vgl. dazu auch die Übersicht des Schweizer Pädagogen Arthur Brühlmeier: www.bruehlmeier.info/adler.htm (Stand: 24.9.2019).

gen. Junge Menschen wollen gerne etwas leisten, sie wollen gerne sozial sein; aber sie müssen einen gangbaren Weg dafür sehen bzw. gezeigt bekommen – und eine optimistische Erwartung spüren.

Abschließend noch ein Blick auf einen Siebtklässler, den Alfons Simon als Beispiel für Sorgenkinder beschrieben hat, die allzu oft übersehen werden[38]. Er störte nämlich überhaupt nicht, war geradezu ein Musterknabe – im Unterricht peinlich gewissenhaft, gleichwohl bei seinen Kameraden beliebt. Nur ein sensibler Lehrer konnte bemerken, dass Hans in ungeheurer Anspannung lebte, dass ihm jede altersgemäße Lebendigkeit abging. Es stellte sich heraus, dass der Junge einen jüngeren Bruder hatte, der als Hübscher und Flinker bei allen viel besser ankam – was Hans ungeheuer schmerzte. Als einziges Mittel, doch noch Beachtung zu finden, erschien ihm äußerste Akribie gegenüber dem Lehrer sowie riskantes Ringen bei den Gleichaltrigen (er schloss sich einer Räuberbande an) – ein Doppelspiel, das ihn in ständiger Angst hielt.

Ein solches Kind braucht lange, bis es dem Lehrer solche Eindrücke anvertrauen kann. Und erst wenn der innere Druck nachgelassen hat, kann dieser dem Jungen behutsam zeigen, ja ihn erleben lassen, dass und wie man froh leben kann, ohne immer der Erste sein zu müssen. Schließlich könnte er versuchen, seine Willfährigkeit gegenüber unsozialen Anführern in Hilfsbereitschaft für leistungsschwache Klassenkameraden zu verwandeln. Um diesen Wandlungsprozess ging es schon bei Max: schlimme Erlebnisse durch bessere Erfahrungen langsam verblassen zu lassen, quasi zu überschreiben.

38 Alfons Simon, *Verstehen und Helfen*, München 1950, Neuausg. Meilen 2015. Online: docplayer.org/130902787-Alfons-simon-verstehen-und-helfen.html (Stand: 9.12.2019).

4
Beziehungskunst als Entwicklungsfeld

Wie wird man eigentlich ein beziehungsmäßig guter Lehrer? Kann man das überhaupt *werden* oder ist man es einfach – bzw. ist es nicht? Landläufig wird das Pädagogische ja als etwas angesehen, das man »im Blut haben«, für das man »ein Händchen haben« müsse. Gemeint ist damit eine nicht näher bezeichnete, jedenfalls feststehende Mischung aus charakterlichen und genetischen Anteilen, die erfolgreiche Lehrkräfte auszeichne. Würde diese statische Perspektive zutreffen, so wären Lehreraus- und -weiterbildung relativ wirkungsarm, zumindest im Hinblick auf das Beziehungsmäßige.

Tatsächlich spricht wenig für den Mythos vom geborenen Lehrer, gibt es eine breite Evidenz dafür, dass angehende wie gestandene Lehrer ihre Beziehungskompetenzen ausbauen können – wenn sie diese nur hinreichend fokussieren und sachadäquat schulen. Ich denke etwa an einen unter seinesgleichen eher kontaktscheuen Junglehrer, der seine Distanziertheit erst in der Arbeit mit Kindern und Jugendlichen realisierte; er blühte in dem Maße auf, wie er dank zahlreicher Weiterbildungsimpulse von der Vielfalt kindlicher Lebensentwürfe und Bewältigungsformen angerührt wurde – und die Führung einer Klasse als ebenso gelingende wie befriedigende Tätigkeit entdeckte. Oder die quirlige Junglehrerin, der erst durch qualifiziertes Coaching bewusst wurde, dass ihre Fürsorglichkeit und ihr Harmoniebedürfnis auch auf eigener Unsicherheit beruhte – und deshalb oft übertrieben war, letztlich ungünstig wirkte.

Der Forschung zur Lehrergesundheit zufolge gibt es zwar gewisse persönliche Grundeigenschaften, die gelingendes Unterrichten begünstigen: Man sollte gerne mit Menschen zu tun haben, sich für seine Fächer und auch den Rest der Welt interessieren, einiges an Stress aushalten, produktiv mit Misserfolgen umgehen können. Aber unterhalb dieser allgemeinen Ebene lässt sich keine eng umrissene Form positiver Lehrerpersönlichkeit, kein einheitliches Profil für gute Pädagogen zeichnen.

Für Elsbeth Stern[39] besteht die professionelle Qualität einer Lehrperson in ihrem fachspezifischen pädagogischen Inhaltswissen sowie ihrer adaptiven Expertise – mithin in erwerbbarem und trainierbarem Expertenwissen. Das gilt grundsätzlich auch für den Beziehungssektor: Angehende Lehrer brauchen einerseits ein umfassendes, realistisches und wissenschaftlich fundiertes Bild von menschlichem Erleben und Verhalten – man könnte dies pädagogische Menschenkenntnis nennen. Gleichzeitig müssen sie ihr eigenes Handeln und Empfinden sowie das Lernverhalten und die Beziehungsäußerungen ihrer Schüler konstruktiv reflektieren wollen und können – also zu einer Kultur emotionaler Evaluation fähig sein.

Referendariat (Ausbildung)

Nun scheint die Situation »Unterricht« ein hochkomplexes kommunikatives Setting zu sein, in dem persönliche wie situative Faktoren erst miteinander reagieren müssen, bevor ein Gelingen oder Scheitern offenbar wird. Nicht alles, was zunächst »glatt läuft«, ist auch wirklich gut, also optimal entwicklungsförderlich. Und manches Defizit zeigt sich erst unter be-

39 Elsbeth Stern, »Wie viel Hirn braucht die Schule?«, in: *Zeitschrift für Pädagogik* 50 (2004) Heft 4. Online: www.pedocs.de/volltexte/2011/4826/pdf/ZfPaed_2004_4_Stern_Wie_viel_Hirn_braucht_die_Schule_D_A.pdf (Stand: 24.9.2019).

stimmten Bedingungen, wenn also bisherige implizite Annahmen oder stabilisierte Gewohnheiten nicht mehr tragen – etwa angesichts einer besonders schwierigen Klasse, eines besonders hartnäckigen Störenfrieds.

So wären die Hochschulen zwar gut beraten, die Beziehungsdimension des Pädagogischen schon im Rahmen ihrer Grundlagenbildung durch Praktika und erste Transfertrainings deutlicher erlebbar zu machen. Insbesondere das Referendariat aber – die praktische Schulung der Unterrichtskunst – müsste der Beziehungssensibilisierung genügend Raum geben – und sollte nicht nur der Ort sein, konkrete Unterrichtssequenzen zu planen, probeweise durchzuführen und anschließend zu durchdenken.

Tatsächlich spielten Beziehungskompetenzen in der Lehrerausbildung bislang keine vorrangige Rolle (»Grauzone«, »Entwicklungsland«), wurden oft nur mitgedacht, fehlten bisweilen in Gänze. In den übergeordneten Leitlinien der Kultusministerkonferenz (2012) etwa galt »Kommunikation« zwar als eines von elf Handlungsfeldern (»Kommunikation, Interaktion und Konfliktbewältigung als grundlegende Elemente der Lehr- und Erziehungstätigkeit«). Aber schon auf Landesebene (z. B. im Kerncurriculum NRW 2016) konnte auch noch diese Vagheit bis zur Unsichtbarkeit verlorengehen – vor lauter Strukturbegrifflichkeit, Prozess- und Steuerungsdenken sowie Vielfaltseuphorie und Evaluationsorientierung. Dabei wäre die Arbeit an der Haltung der Lehramtsanwärter, die »begleitete Entwicklung des pädagogischen Selbstkonzeptes« zentral für Unterrichtserfolg und Berufszufriedenheit. Deshalb nachfolgend einige Mosaiksteine eines Beziehungscurriculums für angehende Lehrer:

Grundsätzliches, schülerbezogen: Entwicklungsoptimismus stärken

Schüler bemerken intuitiv, wie ein Lehrer zu ihnen steht, wie sie von ihm gesehen werden: Ob er Interesse an den vielfältigen Facetten ihres Wachsens hat oder nur seinen Stoff durchkriegen will; ob er auch bei inhaltlichen Verständnisschwierigkeiten, gar bei längeren Lerntiefs optimistisch bleibt oder schwierige Schüler vorschnell als ungeeignet oder unwillig abschreibt.

Mitmenschliches Interesse und Entwicklungsoptimismus lassen sich glücklicherweise fördern, können vielfältig angeregt werden: Der Junglehrer übernimmt etwa – neben seinen Ausbildungsstunden – eigenverantwortlich eine Einzelfallhilfe und kann seine Eindrücke mit einem erfahrenen, immer noch von jungen Menschen begeisterten Praktiker reflektieren; oder er beobachtet die Entwicklung einzelner Schüler eine Zeitlang genauer, während schulpraktischer Studien bzw. in Hospitationsstunden des Referendariats; oder er studiert Erziehungs- und Bildungsverläufe in Literatur und Film[40].

- Beispiel 1: Hanns Josef Ortheil schildert in *Die Erfindung des Lebens* (2009), wie er als kleiner Junge in der symbiotischen Beziehung zu seiner Mutter (sie war aus Gram über den Verlust vierer Söhne im Krieg über Jahre vollständig verstummt) lange sprachlos gefangen war – bis sein Vater ihm schließlich doch den Weg zum Reden ebnete, mit großem Einfühlungsvermögen und schier unendlicher Zuversicht.
- Beispiel 2: Der französische Dokumentarfilm *Être et avoir*

40 Vgl. zu Letzterem auch: Olaf Meurer, »Lehrperson werden und sein«, in: Martin K. W. Schweer (Hrsg.), *Lehrer-Schüler-Interaktion*, Wiesbaden 2016.

(*Sein und Haben*, 2002) zeigt den Unterricht in einer Zwergschule; man nimmt teil an der Geduld, aber auch Beharrlichkeit des einzigen Lehrers – und wird Zeuge all der anrührenden Eigenheiten der Kinder, ihrer typischen Schwierigkeiten, ihrer unterschiedlichen Entwicklung.

Grundsätzliches, lehrerbezogen:
Beziehungswirksamkeitsgefühl verstärken

Das Einwirken auf Heranwachsende ist umso effektiver, je sicherer Pädagogen sich dabei fühlen. Deren berufliches Selbstwirksamkeitserleben ist aber aus prinzipiellen Gründen nur ein unklares – und damit höchst fragil. Denn pädagogisches Handeln geschieht mit einer gewissen Unsicherheit, ist selten linear – der Lehrer kann kaum sicher vorhersagen, was genau er mit diesem oder jenem Tun anrichten wird; seine Resultate liegen vielfach ›nur‹ in der Zukunft oder treten lediglich als diffuser Ergebnismix auf.

Junge Lehrer brauchen deshalb tragfähige innere Bilder pädagogischer Wirksamkeit, sie müssen mit der Gewissheit arbeiten können, das grundsätzlich Richtige zu tun, auch wenn sich Widerstände regen, auch wenn sich Resultate nicht unmittelbar einstellen. Zu solch stabilen pädagogischen Leitlinien können konkrete Vorbilder beitragen (überzeugend agierende Ausbildungslehrer und Fachleiter), nicht zuletzt aber auch die Lektüre und Debatte von Literaturpassagen, die Lehrerfiguren als einflussreiche, wirkmächtige Personen darstellen und nachvollziehbar machen.

- Beispiel 1: In seinem autobiografischen Fragment *Der erste Mensch* (posthum 1994 erstmals erschienen) skizziert Albert Camus seinen algerischen Grundschullehrer: Von den fachlichen Themen fasziniert, aber auch mit wachem Blick für die

Nöte der ihm anvertrauten Schüler, mit Strenge die Klasse führend, aber auch sensible Elternarbeit leistend.

- Beispiel 2: *Helga* (1958) ist ein ebenso anrührendes wie bereicherndes Dokument der Bemühungen des bayrischen Volksschullehrers Alfons Simon um ein »schwieriges«, weil zu Hause ungeliebtes Schulkind – mit vielen Anregungen für Verständnis und Förderung auch bei »normalen« Kindern und Klassen.

Was für die Unterrichtsmethodik allgemein gilt, ist im Übrigen auch für die Beziehungsdimension hilfreich: Bereits im Referendariat sollten angehende Lehrer mit den vielfältigen Möglichkeiten und dem verlockenden Potential von Feedback vertraut gemacht werden. Andreas Helmke hat eine Reihe von Varianten der Selbstvergewisserung (Lehrerangaben zum eigenen Unterricht, in Form von Checklisten und Fragebögen) sowie von Schülerrückmeldungen (nicht standardisiert oder systematisch) zusammengestellt.[41] Ebenso diskutiert er ausführlich alle derzeit verfügbaren Formen der kollegialen Unterrichtsbeobachtung (Helmke [7]2017).

Spezifisches, schülerbezogen: Lern- und Entwicklungsschwierigkeiten richtig durchschauen

Wer kennt sie nicht, die verbreiteten spontanen Interpretationsschablonen von Lehrern bei Problemschülern und Unterrichtsstörungen – »der will nicht«, »der will mir was« oder »der kann eben nicht mehr«? Aber sie führen vielfach in die Irre, weil sie die tatsächlichen Ziele Heranwachsender verkennen. Die Zuschreibung »der will nicht« etwa deutet Arbeitsverwei-

41 *Unterrichtsdiagnostik mit EMU*, www.unterrichtsdiagnostik.info (Stand: 24.9.2019). Vgl. auch Anhang S. 108.

gerung als renitenten Unwillen (»Faulheit«) statt als Unfähigkeitssyndrom – und führt zwangsläufig zu weiterer Kränkung oder Entmutigung beim Schüler. Das Etikett »der will mir was« interpretiert unterrichtliche Konflikte als Angriff (»Störenfried«) statt als Hilferuf oder Ablenkungsversuch – es hat in der Regel eine Zunahme der kämpferischen Konfrontation zur Folge. »Der kann eben nicht mehr« sieht momentane Leistungsschwäche evtl. vorschnell als statische Größe (»Dummheit«) denn als ein dynamisches Phänomen – was weiterer Förderung natürlich zuwiderläuft. Kurz gesagt: Wer konflikthafte Unterrichtsszenarien undifferenziert deutet oder fehleinschätzt, ist den Lern- oder Kooperationsproblemen der Schüler zu sehr ausgeliefert, kann Konflikte mit ihnen zu wenig abschwächen oder auflösen.

Tatsächlich haben Heranwachsende – wie andere Menschen auch – vor allem zweierlei Grundbedürfnisse: soziale Geltung und sachliches Gelingen. Unter ungünstigen Sozialisationsbedingungen haben diese Hauptziele aber häufig eine neurotische Form angenommen (nervöses Ringen um Aufmerksamkeit, virulentes Streben nach Überlegenheit, chronische Racheneigung). Man sollte angehenden Lehrern die Fähigkeit vermitteln, ›Sorgenkinder‹ wohlwollend zu durchschauen, ihr irrtümliches Lösungs- bzw. Lernmuster herauszulesen – das prinzipiell korrigierbar wäre, sofern es gelingt, unnötige Konfrontationen zu vermeiden und überraschende Erfolge einzufädeln.

Beim Verstehen kindlicher Bewältigungsmuster kann helfen

- das Studium individualpsychologisch orientierter Fallbeispiele (z. B. Alfred Adler, *Vom Umgang mit Sorgenkindern*, 1939; Rudolf Dreikurs, *Lehrer und Schüler lösen Disziplinprobleme*, dt. 1976, oder *Psychologie im Klassenzimmer*, 1967; Alfons Simon, *Verstehen und Helfen*, 1950)
- Langzeitbeobachtung, Deutungsarbeit und Ermutigungs-

versuche bei eigenen »schwierigen« Schülern oder denen von Kollegen: Wie könnte Anna ›gestrickt‹ sein? Was könnte hinter Bens Haltung stecken? Was will Murat wohl mit seinem Verhalten erreichen?

Spezifisches, lehrerbezogen: eigene Beziehungsmuster bewusst machen, erweitern, korrigieren

Auch Lehrer haben persönliche Unsicherheiten oder Überempfindlichkeiten – und diese können bei den Schülern Konfrontationen und Blockaden provozieren. Wer etwa zu Perfektionismus neigt, wird sich schwer damit tun, Schülern gegenüber eigene Fehler einzugestehen – was nicht nur kein gutes Vorbild ist, sondern einem auch verständliche Proteste der Schüler bescheren kann. Wer grundsätzlich konfliktscheu ist oder um die Anerkennung der Schüler ringt, kann überbordenden oder ausweichenden Lernern schwerlich mit der nötigen Souveränität entgegentreten – er wird dann mit sich handeln lassen, wo nur freundliche Hartnäckigkeit entwicklungsförderlich wäre. Wer ständig um seinen Führungsanspruch fürchtet, wird manches Schülerverhalten als Widerstand missdeuten und bekämpfen – und erst damit eine tatsächliche Konfrontation heraufbeschwören. Wer umgekehrt zu schwach führt, überlässt die Führung anderen – zumeist sind das nicht die Leistungsfreudigen. Und wer prinzipiell eher ein distanzierter Typ ist, läuft Gefahr, dass sich seine Schüler nicht gemocht fühlen, dass sie meinen, sie seien ihm egal – und protestieren. Wer also als Lehrer unerkannte Ängste hat – vor (sachlichen) Fehlern bzw. Kritik, vor (menschlicher) Nähe, vor zu wenig (sozialer) Beachtung, vor (Beziehungs-)Konflikten –, ist ein latentes Störungsrisiko im eigenen Unterricht.

Bei der Bewusstmachung und Korrektur solcher Beziehungsmuster kann helfen:

- Reflexion der eigenen inneren Stimme in selbsterlebten oder imaginierten Konfliktsituationen des Unterrichts (ggf. mit Supervision)
- Erstellen eines persönlichen »Resonanzkatalogs« (Wie könnte diese oder jene meiner Äußerungen von Schülern verstanden werden? Welche eigene Lehrerreaktion auf diese oder jene Schüleräußerung wäre denkbar?)
- »Szene-Stopp-Reaktion«-Training (nach Diethelm Wahl): Konfrontation mit möglichen Stresssituationen aus der Unterrichtspraxis (möglichst videobasiert) in geschütztem kollegialen Umfeld, z. B. Fallvignettenarbeit[42]
- Sensibilisierung für die Komplexität unterrichtlicher Situationen mit Hilfe des Planspiels »Schulalltag«[43]

Bereicherung durch Kooperation: Kollegen als Anregung erfahren

Last not least: Vor der Klasse steht der Lehrer zwar letztlich alleine, nämlich als zentraler Gestalter – einen Fundus an lernförderlichen Verhaltensvarianten kann er aber schneller im kollegialen Austausch aufbauen. Angehende Lehrer sollten erleben können, wie anregend es sein kann, jungen wie erfahrenen Kollegen beim Unterrichten und bei Schüler- bzw. Eltern-

42 Georg Gnandt, »Fallvignettenarbeit in der Ausbildung«, in: *Seminar* 4 (2013). Online: plaz.uni-paderborn.de/fileadmin/plaz/Fort-_und_Weiterbildungsangebote/Tagungen/Materialien_zur_Expertentagung/WS15_Fallvignettenarbeit.pdf (Stand: 24.9.2019).

43 Ulrike Starker / Margarete Imhof, »›Komplexitätsmanagement‹ in der Lehramtsausbildung: das Planspiel ›Schulalltag‹ und dessen Evaluation«, in: Michael Krämer / Ulrich Weger / Michaela Zupanic (Hrsg.), *Psychologiedidaktik und Evaluation X*, Aachen 2014, S. 327–332. Online: www.psycharchives.org/handle/20.500.12034/783 (Stand: 9.12.2019).

gesprächen zuzusehen und mit ihnen über Beobachtungen, Entscheidungsgründe und Alternativen zu debattieren. Auch die Teilnahme an Zirkeln kollegialer Fallberatung ist enorm bereichernd – man lernt die Vielfalt von Lehrerperspektiven oder Schülermustern kennen.

Hierbei kann helfen:

- vielfältige Hospitationen/Visiten;
- Erstellen von Lehrtagebüchern (humorvolle Dialoge sammeln, gelungene Konfliktentschärfungen reflektieren und beschreiben);
- Fragebögen zur Selbsterkundung (vgl. Anhang, S. 108).

Schulalltag (Weiterbildung)

Im Unterschied zum Referendariat – mit seiner ständigen Prüfungsbelastung – bedeutet Schulalltag eine andere Form von Stress: keine Einzellektionen mehr, die man sorgfältigst zurechtbastelt, sondern Tag für Tag sechs bis acht Stunden Unterricht, die hintereinander erteilt und bewältigt sein wollen, oft in wechselnden Klassen, manchmal auch fachfremd, auf jeden Fall zunächst ohne tiefe Erfahrung in allen Stoffgebieten – und mit ständig wechselnden Schülertypen. Da muss man erst mal hinein und durch – und das geht erstaunlicherweise auch, ist zwar recht anstrengend, aber man kommt auch ständig voran, eben eine spannende Forschungs- und Sammlungsphase.

Novize ist man dank Referendariat ja nicht, der Junglehrer startet quasi als fortgeschrittener Anfänger und wird nach einigen Jahren zur kompetenten Lehrkraft, im Laufe der Zeit zum erfahrenen Profi, in vielen Fällen gar zum Unterrichtsexperten. Sobald eine erste Routine erkämpft ist, wird der Kopf für die Feinheiten des Berufs freier – und man könnte von Lehrerweiterbildung profitieren. Aber auch gestandenen Kollegen tut Aktualisierung ja gut – oder zumindest Verfeinerung. Denn gerade im Beziehungsbereich droht immer auch, dass sich ungünstige Routinen unbemerkt einschleifen, dass man sich bei schwierigen Schülern verheddert, dass man durch eine ungünstige Haltung unnötig an Kraft verliert.

Aber funktioniert Lehrerweiterbildung überhaupt?[44] Das kommt auf die Angebote an – und auf die Ansprüche. Ob Lehrkräfte sich an einem Seminar wohl fühlen, ist dabei nur erste, zudem höchst subjektive Anfangsvoraussetzung. Ein sinnvoller Mindestanspruch wäre, dass die Lehrkräfte ihr Unterrichtswissen auf den neuesten Stand bringen können, also nicht zuletzt präzise über die aktuelle Befundlage zu Stellenwert und Komponenten pädagogischer Beziehung und Führung informiert werden. Nur soll sich dieses Wissen ja auch auswirken – die Qualität des eigenen unterrichtlichen Handelns soll steigen. Lehrkräfte müssen also die neuen Wissensinhalte und Verhaltensmuster auch ausprobieren und umsetzen, sie in bereits etablierte subjektive Theorien und Gewohnheiten implementieren können – was nicht im Handumdrehen zu erreichen ist. Und letztlich wird man erst zufrieden sein können, wenn sich die Lernleistungen der Schüler verbessern – oder gar deren Lernmotivation und Sozialverhalten.

Schon *einmalige Schulentwicklungstage* können wichtige Möglichkeiten bieten, die eigene Art der Beziehungsgestaltung zu beleuchten, zu reflektieren und weiterzuentwickeln. Das Konzept von Hüttebräucker und Schneider[45] etwa will

44 Vgl. dazu etwa Frank Lipowsky / Daniela Rzejak, »Lehrerfortbildungen lernwirksam gestalten«, in: *ZfL-Magazin* 1/2015. Online: www.uni-muenster.de/imperia/md/content/lehrerbildung/daszfl/zfl_magazin_web.pdf (Stand: 24.9.2019).

45 Christoph Schneider, »Kann man Beziehungsgestaltung lernen?«, in: Herrmann 2019.

Lehrkräfte dazu bringen, miteinander weniger über ungünstige Rahmenbedingungen oder schwierige Schüler bzw. Kollegen zu schimpfen, sondern die eigene Person, die eigene Haltung, den eigenen Stil stärker zu reflektieren und weiterzuentwickeln. Die Kollegen werden angeregt, ihr Verhältnis von Nähe und Distanz im Schülerkontakt auszubalancieren (»Was hältst du von dem Satz ›Ich liebe meine Schüler, und meine Schüler lieben mich.‹«?), sich eigene Wertvorstellungen bewusster zu machen (»Welches Bild könnte an deine Klassenzimmertür passen?«), Konfliktsituationen verlangsamt und damit bedachter zu gestalten (»Szene-Stopp-Reaktion«), ihre Fähigkeit zum Erkennen positiver Ressourcen auszuweiten (»Kann dein Störenfried eigentlich nichts als stören?«) oder spontane Wahrnehmungsmuster von Schülern wie Lehrern zu hinterfragen (»Gib jede Woche *einem* ›schwierigen Schüler‹ eine zweite Chance!«).

Das Konzept *Feinfühlig Unterrichten* (Hechler 2017) regt dazu an, Lernbeeinträchtigungen und Verhaltensauffälligkeiten stärker als Beziehungsstörungen zu sehen – es fokussiert deshalb die Lehrerpersönlichkeit und ihre Beziehungsgestaltung als zentrale Lernerfolgsmoderatoren. Je mehr sich Angst und Unsicherheit bei den Schülern gezielt reduzieren lassen, desto eher vermögen diese ja lernaktiv zu werden. Die Teilnehmer erhalten deshalb einerseits Anregungen, Lernhaltungen ihrer Schüler besser zu verstehen (Diagnostik), andererseits Hinweise darauf, wie sie akute Bindungsängste individuell lernförderlich auflösen können (Intervention). Diese systematische Reflexion von Lehrer-Schüler-Beziehungen wird im Rahmen von Fallbesprechungen eingeübt, die fortwährend theoretisch angereichert werden. Hierdurch werden Einstellungsänderungen möglich, die das Lernen der Kinder und das Lehren der Lehrer spürbar erleichtern und effektiver werden lassen.

Bei Feltens *Enrichment-Impulstagen*[46] erfolgt zu Beginn ein methodisches Clearing – forschungsbasiert wird die Euphorie um selbstgesteuertes Lernen relativiert, das Prinzip strukturierter und feinfühliger Unterrichtslenkung rehabilitiert, das Spektrum für beziehungsmäßige Potentiale in der Klasse ausgelotet. Auf dieser Grundlage werden dann pädagogisch-emotionale Fragen erörtert wie: »Sie waren immer gut in Ihrem Fach – wie fühlt es sich wohl für einen Schüler an, der in diesem Fach seit Wochen nichts mehr versteht oder der damit schon in der Grundschulzeit auf Kriegsfuß stand?«, oder: »Sammeln Sie 10 Verhaltensweisen oder Eigenschaften von Lehrern, die auf Schüler ermutigend wirken können!«, oder auch: »Warum handeln ›Störenfriede‹ eigentlich so, wie sie handeln – nämlich oftmals zu ihrem eigenen Schaden?« Aus einem auffrischenden Input zu Fragenkomplexen wie »Ermutigung«, »Führungsfreude« oder »Störungskompetenz« ergeben sich dann für die Teilnehmer klar umrissene, aber kontinuierliche Beobachtungs- und Trainingsprojekte, die sie in der Folgezeit in Klassen- oder Jahrgangsstufenteams weiterbearbeiten können.

Gerade Beziehungsaspekte lassen sich nicht durch einmalige Erkenntnisakte nachhaltig bearbeiten, sie brauchen längerfristige unterrichtsbegleitende Bearbeitung. Dergleichen wird indes in der Lehrzunft noch zu wenig genutzt. Unter Medizinern dagegen ist die Methode der regelmäßigen Fallbesprechungsgruppe bereits recht selbstverständlich. Sie geht dort auf den ungarischen Psychoanalytiker Michael Balint zurück, dem Mitte des vorigen Jahrhunderts aufgefallen war, dass Patienten mit gleichen Krankheiten bei verschiedenen Ärzten unterschiedlich schnell genesen. Er kam zu dem Schluss, der Arzt übertra-

46 Dokumentiert z. B. in *SchulVerwaltung spezial* 19 (2017) Nr. 4: »›Endlich mal ein pädagogischer Tag, der was nützt!‹ Schulleitung – der verkannte Impulsgeber für mehr Unterrichtsqualität«.

ge psychologische Komplexe oft unreflektiert auf den Patienten, und dies präge sowohl seine Haltung diesem gegenüber als auch seine therapeutischen Entscheidungen. Seit 1950 entwickelte er in Großbritannien deshalb das Konzept der geleiteten Fallbesprechungsgruppe, bei der die psychologische Dynamik in der Arzt-Patient-Beziehung reflektiert wurde. Als sogenannte Balintgruppen haben diese Seminare inzwischen weltweite Verbreitung gefunden. Im Vordergrund stehen hier die Gefühlsanteile des Arztes, der Patientenseite gilt primär der Blick auf das Physiologische.

Im pädagogischen Bereich ist die Lage schwieriger, hier sind ja – neben stofflichen und methodischen Fragen – auch Gefühlslagen auf Schülerseite beteiligt. Das Prinzip »Kollegiale Hospitation« stößt bei diesem Thema ohnehin an Grenzen – nicht nur, weil es zumeist unbezahlte Mehrarbeit bedeutet oder mit dem Risiko der Beschämung einhergeht, sondern weil »das Problem« meist nicht spontan auftritt oder auf Kommando inszeniert werden kann. Abhilfe könnte eine halbvirtuelle Form schaffen: den eigenen Unterricht längerfristig filmen und nur selbstgewählte Ausschnitte kollegial debattieren.

Dagegen erscheint das Konzept *Kollegiale Beratung (und Supervision)* für Beziehungsaspekte des Unterrichtens grundsätzlich geeignet[47]. Einem regelmäßigen oder sporadischen Kreis von Kollegen legt der Lehrer seine persönliche Sicht einer schwierigen Klasse oder eines Problemschülers möglichst umfassend dar. In einer ersten Hauptphase ist vor allem eine Atmosphäre von emotionaler Sicherheit und Vertrauen wichtig – deshalb stehen hier anteilnehmendes Zuhören und präzisierende Nachfragen im Vordergrund. Für einen Gutteil aller Ratsuchenden vollzieht sich bereits dadurch ein Klärungspro-

47 Vgl. etwa Jörg Schlee, *Kollegiale Beratung und Supervision für pädagogische Berufe*, Stuttgart [4]2019.

zess, der ihnen neue Perspektiven eröffnet – ähnlich dem »allmählichen Verfertigen der Gedanken beim Reden« bei Heinrich von Kleist. Andernfalls kann sich eine zweite Hauptphase der »Skepsis und Konfrontation« anschließen – dazu würde gehören, Assoziationen zu sammeln, Relativierungen zu durchdenken sowie eigene Anteile und Prioritäten zu klären.

Kollegen, denen man in Supervisionsgruppen von schwierigen Situationen im Unterricht berichtet, erkennen aus der Distanz oft schneller weiße Flecken in der eigenen Einschätzung – oder gar wunde Stellen. Solche Beratungen können unbefangener und damit ergiebiger verlaufen, wenn es sich nicht um Mitarbeiter aus dem eigenen Kollegium handelt: Man selbst hat weniger Sorge, sich bloßzustellen, und auch die anderen sehen den »Störenfried« neutraler. Vielfach ist es auch hilfreich, wenn ein Schulpsychologe die Gruppe leitet, der etwaige Verhärtungen, Missverständnisse oder Eskalationen innerhalb der Gesprächsrunde auffangen kann. Supervision kostet zwar zusätzliche Zeit – allerdings zahlt sich diese Investition meist schnell aus: durch zurückgehende Reibungsverluste, durch ein zufriedeneres Wirkungsgefühl.

Ein bekanntes Selbsthilfeprogramm für Lehrer, denen vor allem aggressive und störende Schüler zu schaffen machen, ist etwa das *Konstanzer Trainingsmodell (KTM)*. Unterrichtsstörungen, Aggression und Gewalt werden dabei als Ausdruck von Missverständnissen oder Fehldeutungen in der Lehrer-Schüler-Beziehung verstanden, die durch eine Verbesserung der Kommunikation reduziert oder vermieden werden können. Mit Hilfe von Trainingsbausteinen reflektiert das Programm das vorhandene Wissen und die Erfahrungen des Lehrers (seine »subjektiven Theorien«) und versucht, erweiterte Erklärungsmuster bereitzustellen und zu erproben.

Das Training wird in der Regel im Dialog mit einem Trainingspartner durchgeführt: Zwei oder mehr Kollegen bilden ein

Tandem, auch Schüler können einbezogen werden. Die Partner trainieren wechselweise, unterstützen sich dabei gegenseitig, besuchen den Unterricht des Trainingspartners und protokollieren Entstehung sowie die Versuche der Lösung einer Konfliktsituation. Im Gespräch wird diese Situation rekonstruiert, die Reaktion des Lehrers wird analysiert. Alternativen werden zunächst gedanklich und gesprächsweise durchgespielt. Es folgt die Überprüfung der Alternativen im Unterricht – wiederum unter Beobachtung durch den Trainingspartner, das schärft die eigene Beobachtungsgabe. Im Kern geht es also darum, das bereits vorhandene Wissen und die bestehenden Routinen und Erfahrungen im Umgang mit Unterrichtsstörungen gezielt zu aktivieren und mit konkreten Anregungen positiv weiterzuentwickeln. Allerdings wird beim KTM nicht nach grundsätzlichen Ursachen gefragt, sondern lediglich nach Akutlösungen gesucht. Einblicke in tieferliegende Hemmnisse bei der Lehrperson oder prinzipielle Blockaden auf Seiten des Schülers bleiben dabei eher verwehrt.

Weitergehend wären *Lehrerkurse*, in denen die Problemgenese beim Schüler (Stichwort: verdeckte Finalität) wie auch die Beziehungsdynamik in der Klasse (Stichwort: wechselseitige Übertragung) tiefenpsychologisch interpretiert werden und über nachhaltige Konfliktlösung geforscht wird. Im reformpädagogisch geprägten Wien der Zwischenkriegszeit konnte dies schon einmal breitenwirksam realisiert werden[48] – und zeitgenössische Beispiele weisen ebenfalls in diese Richtung[49]. Es

48 Vgl. die öffentlichen Lehrberatungen Alfred Adlers in Wien, beschrieben etwa in: Edward Hoffman, *Alfred Adler. Ein Leben für die Individualpsychologie*, München/Basel 1997.

49 Etwa Wilfried Datler, »Tiefenpsychologische Lehrerfortbildung in Wien«, in: *Zeitschrift für Individualpsychologie* 14 (1989). Online: www.univie.ac.at/bildungswissenschaft/papaed/seiten/datler/Artikel/36_Tiefenpsychologische_Lehrerfortbildung_in_Wien.pdf (Stand: 25.9.2019).

handelt sich dabei um mehr als pädagogische Rezeptbörsen, es geht dort um eine fundierte Einschätzung sowohl der psychischen Verfasstheit des Schülers wie auch um die Reflexion der Haltung des Erwachsenen.

Ein tiefenpsychologischer Blick auf die Dynamik im Klassenzimmer ist jedenfalls enorm entlastend: Plötzlich wird einem klar, dass störendes Verhalten weder auf Bösartigkeit noch Unfähigkeit beruht, sondern einfach ein früh gelerntes Muster darstellt, Anerkennung zu finden, Geltung zu erleben, vor Belastungen auszuweichen. Wenn Kinder keinen Weg sehen, sich auf positive Weise zugehörig zu fühlen, nehmen sie eben einen anderen Weg. Sie machen durch Störungen auf sich aufmerksam; sie versuchen, die Puppen nach ihrer Regie tanzen zu lassen; sie rächen sich an dem oder denen, die sie vermeintlich um Erfolg oder Überlegenheit bringen – oder sie demonstrieren Unfähigkeit. Wer das durchschaut, ist erleichtert, weil nicht mehr persönlich verstrickt – im Idealfall denkt man gar »an dessen Stelle würde ich auch so handeln«. Und kann umso leichter eine Entwicklungswende anstoßen – wenn es einem gelingt, dem Sorgenkind eine andere Sicht auf seine Wertigkeit nahezubringen.

Wenn aber nun weder Fallbesprechungsgruppe noch Tandempartner greifbar sind? Nun, alleine schon individualpsychologische Lektüre kann optimistisch stimmen, versetzt einen unversehens in eine forschend-ermutigende Grundhaltung. Und davon kann man im bisweilen überfordernden Schulalltag doch eigentlich nicht genug bekommen: Wie wenig trauen Kinder sich vielfach zu! Wie schwer fällt ihnen jede nur mittelgroße Anstrengung! Welche Zumutung bedeutet es oft für sie, auf andere Rücksicht zu nehmen! Und wie schnell sind Lehrer unter solchen Bedingungen erschöpft oder frustriert – und lassen unter dem Vorwand, die Jugend von heute wolle ja nichts lernen, die Flügel hängen! Wer dagegen in individualpsychologisch orientierten Fallschilderungen stöbert, vor dessen innerem Auge tauchen plötzlich die eigenen Schüler vom Vormittag auf. Und er beginnt zu erahnen, was sie so abweisend, so störend, so mutlos sein ließ: ein älteres Geschwister, das immer alles schon besser wusste; ein jähzorniger Vater, bei dem man sich besser keine Fehler leistete; zerrissene Familienbande, die einen immer wieder abschweifen lassen. Und ganz überraschend kommt auch der resignierten Lehrkraft eine Idee, wie sie den bislang bockigen Jugendlichen zu einem neuerlichen Lernversuch gewinnen wird.

Man ist also keineswegs verloren, wenn man einen Schulleiter hat, der seinem Kollegium keine Weiterbildung in Sachen Beziehungsgestaltung gönnt. Man nimmt das Reifen der eigenen pädagogischen Haltung dann einfach in die eigene Hand, betreibt es quasi autonom und eher beiläufig – in Stillarbeit, bei der Pausendebatte, sogar im Kino:

- immer mal wieder die eigene Klasse sorgsam beobachten, über einzelne Schüler nachdenken, Beobachtungen notieren (z. B. während Klassenarbeiten oder beim Nachmittagsspaziergang) …
- im kollegialen Austausch andere Perspektiven auf einzelne Schüler kennenlernen (bei Pausengesprächen, in Klassenkonferenzen oder bei institutionalisierter Fallberatung) …
- Erzählungen oder Filme über gute Lehrer bzw. schwierige Schüler studieren (z. B. die oben erwähnten: Albert Camus, *Der erste Mensch*; Hanns Josef Ortheil, *Die Erfindung des Lebens*; Tschingis Aitmatov, *Der erste Lehrer*; die Dokumentarfilme *Rhythm is it!* und *Être et avoir*) …
- sich für eigene unbewusste Beziehungsreflexe sensibilisieren (im persönlichen Lehrtagebuch) …

Dergleichen kostet natürlich Zeit – als Ausgleich drängt man dann vielleicht etwas weniger in schulische Gremienarbeit …

Ein Zeitgenosse hat die Probenarbeit Johann Sebastian Bachs an der Leipziger Thomaskirche einmal so beschrieben:

> »[…] wenn Du ihn sähest, wie er auf alle Stimmen zugleich achtet und von dreißig oder gar vierzig Musizierenden diesen durch ein Kopfnicken, den nächsten durch Aufstampfen mit dem Fuß, den dritten mit drohendem Finger zu Rhythmus und Takt anhält, dem einen in hoher, dem andern in tiefer, dem dritten in mittlerer Lage seinen Ton angibt; wie er ganz allein mitten im lautesten Spiel der Musiker doch sofort merkt, wenn irgendwo etwas nicht stimmt; wie er alle zusammenhält und überall abhilft und, wenn es irgendwo schwankt, die Sicherheit wiederherstellt; wie er den Takt in allen Gliedern fühlt, die Harmonie aller mit scharfem Ohre prüft […].«[50]

Welch enorme Fachkompetenz da im Spiel ist, aber eben auch wie viel hochgradige Beziehungspräsenz! Unterrichten ist ebenso zu einem Großteil Beziehungsarbeit, ist dauernde Gestaltungstätigkeit in einem hochkomplexen und dynamischen sozial-emotionalen Netz. Deshalb brauchen Lehrer viel mehr gute Möglichkeiten, ihre personalen Kompetenzen – sprich: Selbst- und Menschenkenntnis – weiterzuentwickeln, in der Ausbildung wie berufsbegleitend. Das würde nicht nur die Jugend intensiver herausfordern, sondern wäre auch ein hochwirksames Gegengift gegen Sisyphosgefühle und Burn-out-Symptome.

50 Johann Matthias Gesner [1738], in: *Bach-Dokumente*, Bd. 2, hrsg. von Werner Neumann und Hans-Joachim Schulze, Kassel 1969, Nr. 432.

Gute Beziehungsarbeit ist nicht nur an Leuchtturmanstalten realisierbar, sondern auch in der öffentlichen Schule – mit all ihren Mängeln. Allen Lehrern wäre jedenfalls zu wünschen, dass sie sich an dem Abenteuer, als Menschenbildner unterwegs zu sein, möglichst lange erfreuen, dass sie das Glück des Unterrichtens möglichst tief auskosten können. Denn was Christian Gotthilf Salzmann vor gut 200 Jahren formulierte, gilt – da es sich um einen anthropologischen Sachverhalt handelt – auch in Zeiten der Digitalisierung:

> »In einer heiteren Stunde ist man unter seinen Zöglingen allmächtig. Sie hängen an uns mit ganzer Seele, sie fassen alle unsere Worte auf, sie befolgen alle unsere Winke. Könntest du immer heiter sein: so wäre kein leichter Geschäfte als die Erziehung.«[51]

51 Salzmann 2015, S. 73. Online: https://gutenberg.spiegel.de/buch/ameisenbuchlein-3436/6 (Stand: 5.11.2019).

Literatur zur Vertiefung

Adler, Alfred: Das Leben gestalten. Vom Umgang mit Sorgenkindern. Frankfurt a. M. 1979. [Erstausg.: 1930.]

Ansbacher, Heinz L. / Ansbacher, Rowena R. (Hrsg.): Alfred Adlers Individualpsychologie. München [3]1982.

Becker, Nicole: Die neurowissenschaftliche Herausforderung der Pädagogik. Bad Heilbrunn 2006.

Dreikurs, Rudolf: Psychologie im Klassenzimmer. Stuttgart [4]2018.

Eichhorn, Christoph: Die Klassenregeln: Guter Unterricht mit Classroom-Management. Stuttgart 2014.

Felten, Michael: Nur Lernbegleiter? Unsinn, Lehrer! Lob der Unterrichtslenkung. Berlin 2016.

– Auf die Lehrer kommt es an. Für eine Rückkehr der Pädagogik in die Schule. Gütersloh [3]2014

– / Stern, Elsbeth: Lernwirksam unterrichten. Im Schulalltag von der Lernforschung profitieren. Berlin [3]2014.

Giesecke, Hermann: Die pädagogische Beziehung. Pädagogische Professionalität und die Emanzipation des Kindes. Weinheim [2]1999.

Hattie, John: Lernen sichtbar machen. Hohengehren 2013. [Engl. u. d. T. *Visible learning*, 2009.]

Hechler, Oliver: Feinfühlig Unterrichten. Lehrerpersönlichkeit – Beziehungsgestaltung – Lernerfolg. Stuttgart 2017.

Helmke, Andreas: Unterrichtsqualität und Lehrerprofessionalität. Seelze-Velber [7]2017.

Herrmann, Ulrich: Pädagogische Beziehungen. Grundlagen – Praxisformen – Wirkungen. Weinheim/Basel 2019.

Jungmann, Tanja / Reichenbach, Christina: Bindungstheorie und Pädagogisches Handeln. Dortmund [4]2016.

Klaffke, Thomas: Klassen führen – Klassen leiten. Beziehungen, Lernen, Classroom Management. Seelze 2013.

Koch, Claus: Die Bedeutung der Bindungstheorie für die Schule und den Unterricht. In: www.kinder-und-wuerde.de/die-bedeutung-der-bindungstheorie-fuer-die-schule-und-den-unterricht [2016] (Stand: 25.9.2019).

Krautz, Jochen / Schieren, Jost (Hrsg.): Persönlichkeit und Beziehung als Grundlage der Pädagogik. Weinheim/Basel 2013.

Reichenbach, Roland: Pädagogische Autorität: Macht und Vertrauen in der Erziehung. Stuttgart [2]2019

Salzmann, Christian Gotthilf: Ameisenbüchlein oder Anweisung zu einer vernünftigen Erziehung der Erzieher. Hofenberg 2017. [Erstausg.: Schnepfenthal 1806.]

Schaarschmidt, Uwe / Fischer, Andreas W.: Lehrergesundheit fördern – Schulen stärken. Ein Unterstützungsprogramm für Kollegium und Leitung. Weinheim/Basel 2013.

Schöneich, Sabine: Schwierige Schüler? Wie Lehrer und Schüler besser zusammenarbeiten. Weinheim/Basel 2011.

Simon, Alfons: Verstehen und Helfen. Oldenburg 1951. [Nachdr.: Meilen 2015.]

Terhart, Ewald (Hrsg.): Die Hattie-Studie in der Diskussion. Probleme sichtbar machen. Seelze-Velber 2014.

Fragebögen zur Erkundung der Beziehungsqualität

Auf *www.unterrichtsdiagnostik.info* hat ein Team um den Unterrichtsforscher Andreas Helmke eine Reihe von Instrumenten zur Unterrichtsbeobachtung zusammengestellt, für verschiedene Altersstufen, Schularten und Themenbereiche. Im dortigen Standard-Fragebogen für den Kernbereich (3a) wären für den Aspekt Beziehungsqualität etwa folgende Items relevant:

Bitte schätzen Sie Ihren Unterricht im Allgemeinen ein!

		stimme nicht zu	stimme eher nicht zu	stimme eher zu	stimme zu
	Klassenführung				
1	Ich bekomme alles mit, was in der Klasse passiert	☐	☐	☐	☐
2	Bei Störungen gebe ich ein klares STOP-Signal	☐	☐	☐	☐
4	Ich regle vieles mit kurzen Blicken und knappen Gesten	☐	☐	☐	☐
5	Ich bestehe darauf, dass vereinbarte Regeln eingehalten werden	☐	☐	☐	☐
	Lernförderliches Klima				
7	Mit den Beiträgen der Lernenden gehe ich wertschätzend um	☐	☐	☐	☐
8	Ich bin freundlich zu den Lernenden	☐	☐	☐	☐
9	Ich lasse die Lernenden ausreden, wenn sie dran sind	☐	☐	☐	☐

11	Fehler werden in meinem Unterricht nicht kritisiert, sondern als Lerngelegenheit betrachtet	☐	☐	☐	☐
12	In meinem Unterricht gibt es auch mal etwas zum Lachen	☐	☐	☐	☐
	Motivierung				
17	Für besonders gute Beiträge zum Unterricht lobe ich die Lernenden	☐	☐	☐	☐
	Aktivierung				
25	Ich ermutige die Lernenden, ihre eigene Meinung zu äußern	☐	☐	☐	☐
28	Ich achte darauf, dass in einer Unterrichtsstunde möglichst alle mal drankommen.	☐	☐	☐	☐
29	Ich ermutige die Lernenden zu fragen, wenn etwas nicht ganz klar ist	☐	☐	☐	☐
	Förderung				
32	Ich kenne die Schwächen und Stärken meiner Lernenden sehr gut	☐	☐	☐	☐
33	Ich achte darauf, dass im Unterricht alle mitkommen	☐	☐	☐	☐
34	Ich gebe regelmäßig Rückmeldungen zu den individuellen Lernfortschritten	☐	☐	☐	☐
35	Ich unterstütze die Lernenden jederzeit, wenn sie Hilfe brauchen	☐	☐	☐	☐

In seinem Standardwerk *Unterrichtsqualität und Lehrerprofessionalität* (Seelze-Velber [7]2017) verweist Helmke zudem auf Erhebungsbögen weiterer Forschergruppen und kommerzieller Anbieter.

Eine alternative Fassung »Kurz-Check: Unterricht als Beziehungsfeld« (unter Verwendung des von Helmke bereitgestellten Formulars für selbst entwickelte Items) könnte so aussehen:

Die Lehrkraft …	stimme nicht zu	stimme eher nicht zu	stimme eher zu	stimme zu
Beziehungsqualität				
1 … ist an den Schülern interessiert / von ihnen begeistert	☐	☐	☐	☐
2 … greift Beiträge der Schüler auf und stellt Rückfragen	☐	☐	☐	☐
3 … kann eigene Fehler eingestehen	☐	☐	☐	☐
4 … ist über Stärken und Schwächen einzelner Schüler im Bilde	☐	☐	☐	☐
5 … signalisiert, dass ihr Fortschritt bei allen Schülern wichtig ist	☐	☐	☐	☐
6 … besitzt ein reichhaltiges Ermutigungsspektrum	☐	☐	☐	☐
7 … zeigt möglichst wenig ärgerliche oder abwertende Affekte	☐	☐	☐	☐
8 … lacht auch mal mit den Schülern	☐	☐	☐	☐
9 … ist auch für Persönliches ansprechbar (außerhalb des Unterrichts)	☐	☐	☐	☐
… (*eigene Items möglich*)	☐	☐	☐	☐

	Klassenführung				
10	… bekommt alle Abläufe im Klassengeschehen mit	☐	☐	☐	☐
11	… vermag den Unterricht aus der Perspektive der Schüler zu sehen	☐	☐	☐	☐
12	… nimmt Unterrichtsstörungen nicht persönlich	☐	☐	☐	☐
13	… kann mit Mini-Interventionen effektiv deeskalieren	☐	☐	☐	☐
14	… praktiziert ordnungssichernde Maßnahmen klar und souverän	☐	☐	☐	☐
	Störungskompetenz				
20	… reflektiert gerne über schwierige Situationen und Schüler	☐	☐	☐	☐
21	… verfügt über eine differenzierte Deutungspalette	☐	☐	☐	☐
22	… hat vielfältige Ideen für konstruktive Verhaltensalternativen	☐	☐	☐	☐
	Elternarbeit				
30	… führt Elterngespräche gerne und wertschätzend	☐	☐	☐	☐
31	… schätzt Elterngespräche als Fundgrube zum Schülerverstehen	☐	☐	☐	☐
32	… vermag Eltern als Mitspieler zu gewinnen	☐	☐	☐	☐

Zum Autor

MICHAEL FELTEN, Jg. 1951; 1981–2017 Gymnasiallehrer für Mathematik und Kunst in Köln, seit 2007 Lehraufträge an der PH Heidelberg, Alanus-Hochschule Alfter und Uni Bonn; seit 1995 Autor von Unterrichtsmaterialien, Sachbüchern sowie schulpädagogischen Beiträgen in Tages- und Fachpresse (Print und Audio, darunter über 6 Jahre die Kolumne »Schulfrage« für *ZEIT online*); seit 2010 unabhängiger Referent in der Lehrerweiterbildung; inhaltliche Schwerpunkte: Verbindung von Lernforschung und Schulpraxis, Individuelle Förderung, Beziehungsaspekte des Unterrichtens, Inklusion; Onlinepräsenz: www.eltern-lehrer-fragen.de.

Wichtige Publikationen: Auf die Lehrer kommt es an! Für eine Rückkehr der Pädagogik in die Schule (2010/[3]2014); Lernwirksam unterrichten. Im Schulalltag von der Lernforschung profitieren (2012/[3]2014); Lob der Unterrichtslenkung (2016); Die Inklusionsfalle (2017).